सफल और अमीर बनने के 16 सीक्रेट्स

नेपोलियन हिल की बैस्टसेलर पुस्तकें

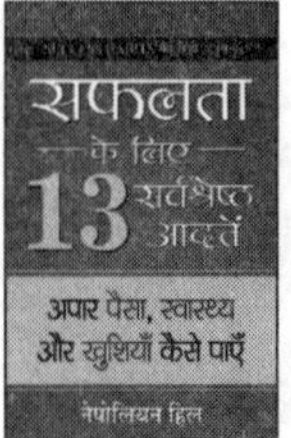

सफल और अमीर बनने के 16 सीक्रेट्स

नेपोलियन हिल

प्रकाशक

प्रभात पेपरबैक्स

प्रभात प्रकाशन प्रा. लि. का उपक्रम

4/19 आसफ अली रोड, नई दिल्ली–110002

फोन : 23289777 Ṭ हेल्पलाइन नं. : 7827007777

इ–मेल : prabhatbooks@gmail.com ❖ वेब ठिकाना : www.prabhatbooks.com

संस्करण

प्रथम, 2021

अनुवाद

आनंद कुमार राय

मूल्य

दो सौ पचास रुपए

मुद्रक

आर–टेक ऑफसेट प्रिंटर्स, दिल्ली

———— ★ ————

SAFAL AUR AMEER BANANE KE 16 SECRETS

by Napoleon Hill

(Hindi translation of

'SUCCESS : DISCOVERING THE PATH TO RICHES')

Published by **PRABHAT PAPERBACKS**

An imprint of Prabhat Prakashan Pvt. Ltd.

4/19 Asaf Ali Road, New Delhi-110002

ISBN 978-93-90900-55-8

₹ 250.00

अमीर बनने की इच्छा किसी की भी हो सकती है, और ज्यादातर लोग अमीर बनना चाहते हैं; लेकिन कुछ ही लोग जानते हैं कि एक पक्की योजना और उसके साथ ही दौलत पाने की एक जबरदस्त भूख ही धन का अंबार लगाने का एकमात्र भरोसेमंद साधन है।

—नेपोलियन हिल

परिचय

हम सभी सफल होना चाहते हैं, लेकिन उसके लिए जरूरी परिश्रम नहीं करना चाहते। हम कम-से-कम प्रयास में सफल होना चाहते हैं। सफलता की आपकी क्या परिभाषा है, मैं नहीं जानता; लेकिन यदि मैं अपनी परिभाषा आप पर थोप दूँ। तो मेरा कहना इस प्रकार होगा—

सफलता किसी के कार्यों और विचारों का कुल योग है, जिसे वह अपने सकारात्मक व रचनात्मक स्वभाव से करता है, जिससे उनमें से ज्यादातर लोगों को खुशी मिले और उनका दिल बाग-बाग हो जाए, जिनके साथ वह कभी जुड़ा था और वैसे तमाम लोग, जिनके साथ आनेवाले वर्षों में उसकी जान-पहचान होने वाली है।

संभवत: उन लोगों के जीवन में आप खुशी, उत्साह और एक नया सवेरा नहीं ला सकते हैं, जिनके साथ आप ज़ुड़े हैं; लेकिन आपको अपनी सफलता का आनंद नहीं आता, न ही उन्हें तकलीफ, हताशा और अप्रसन्नता देकर आप सफल हो सकते हैं। यदि आप दूसरों के करीब होते हैं और उनके चेहरों पर मुसकान लाते हैं, यदि आप लोगों के करीब होते हैं और अपने साथ स्वस्थ, जीवंत, प्रगतिशील व्यक्तित्व लेकर आते हैं, जिससे उन्हें खुशी मिलती है; यदि आप जीवन की खूबसूरत चीजों के बारे में बात करते हैं और सोचते हैं तथा दूसरों से भी उन्हें अपनाने

को कहते हैं; यदि आपने निराशावाद, घृणा, भय और हताशा को अपने स्वभाव से मिटा दिया है और उनके स्थान पर मानवता के प्रति भरपूर प्रेम को भर दिया है, तब आपका सफल होना निश्चित है।

जरूरी नहीं कि पैसे को ही सफलता का प्रमाण माना जाए। सच कहें तो यह विफलता का प्रमाण हो सकता है और होगा भी, यदि उस पूरी प्रक्रिया में उसके साथ खुशी और सबकी भलाई न हो, जिससे इसे इकट्ठा किया गया है। मुझे पिछले कई वर्षों के दौरान लोगों की सेवा करने का जो अवसर मिला, उसके साथ रोमांचित कर देनेवाली खुशी मिली, जिसे मैं इस दुनिया में मिलनेवाले हर सुख, हर भौतिक साधन से कहीं अधिक मूल्यवान् समझता हूँ।

क्या पैसे से खुशी खरीदी जा सकती है? नहीं! हजार बार कहूँगा, नहीं! खुशी धन देने से मिलती है, इकट्ठा करने से नहीं। यह एक ऐसा सबक है, जिसे कुछ लोग कभी नहीं सीखते, जबकि यह एक सच्चाई है।

हम जिसे 'सफलता' कहते हैं, वहाँ तक जानेवाला रास्ता एक ही दिशा में जाता है और वह सीधे मानवता की सेवा के महान् क्षेत्र से होकर जाता है। अन्य कोई भी रास्ता, जो दूसरी दिशा में जाता है, वह किसी को भी सफलता तक नहीं पहुँचा सकता।

मैं जितना खुश पिछले साल था, इस साल उससे अधिक खुश रहना चाहता हूँ, लेकिन ऐसा मैं सांसारिक साधनों को जुटाकर नहीं करना चाहता, भले ही मैं उनका इस्तेमाल अपने हित में कर सकता हूँ; बल्कि मैं ऐसा अन्य लोगों और अपने परिवार के करीबी सदस्यों के साथ ही व्यक्तिगत मित्रों के जीवन में अधिक-से-अधिक खुशी लाकर करना चाहता हूँ।

यदि हम इस प्रकार से अपनी सफलता के मापदंड को बढ़ा नहीं सकते तो फिर हम नहीं जानते कि हमें ऐसा कैसे करना है!

मैं किसी भी प्रकार से किसी को पैसों के लिए प्रयास को छोड़ने के लिए नहीं कह रहा, जिसे वह सफलता और खुशी पाने का एक साधन समझता है; लेकिन मेरी यह सख्त हिदायत है कि किसी को भी सफलता और दौलत के लिए पैसे की ताकत पर पूरी तरह से भरोसा नहीं करना चाहिए।

मेरे पास चाहे कितना ही पैसा क्यों न हो, मैंने अपना काम बंद करने का प्रयास नहीं किया; लेकिन कोई है, जिसे मैं जानता हूँ, जिसने ऐसा किया और जो नतीजा सामने आया, उसे मैं सफलता नहीं कह सकता।

जीवन में सफलता के साथ धन भी आता है, लेकिन वैसा नहीं जैसा कि कई लोग सोचते हैं। दूसरों की सेवा करने से खुशी और मन की शांति का धन मिलता है।

—नेपोलियन हिल, 1920

क्या आप जानते हैं कि किसी निश्चित चीज को पाने की अकर्मण्य इच्छा रखने और उसे पाने की जबरदस्त भूख में कितना बड़ा अंतर होता है ? चीजों को पाने की इच्छा कोई भी रख सकता है और ज्यादातर लोग ऐसा करते हैं; लेकिन कुछ ही लोग जानते हैं कि इतनी तीव्र इच्छा कैसे जागे, जो दृढ़ संकल्प की लौ बन जाए।

—नेपोलियन हिल

प्रस्तावना

आपने जैसे ही सफलता का जिक्र किया, वैसे ही अधिकांश लोगों को लगता है कि आप केवल पैसे की बात कर रहे हैं। दरअसल, ढेर सारे पैसेवालों को ही सबसे ज्यादा सफल माना जाता है।

सफलता पर यह छोटी सी पुस्तक सफलता के इस पहलू की छानबीन करेगी, जो पैसों और सांसारिक साधनों से बना होता है। इसके साथ ही, यह पुस्तक कुछ अन्य और सफलता के अधिक महत्त्वपूर्ण तत्त्वों पर भी ध्यान केंद्रित करेगी, जैसे कि परिवार, दोस्त और अच्छी सेहत।

राल्सटन सोसाइटी ने जब नेपोलियन हिल की विख्यात पुस्तक *'थिंक एंड ग्रो रिच'* का प्रकाशन सन् 1937 में किया था, तब वह जिल्दवाली पुस्तक थी, जिस पर एक पतली जिल्द भी थी। नीचे की मोटी जिल्द पर यह उक्ति लिखी थी—'उन पुरुषों और स्त्रियों के लिए, जो गरीबी को नापसंद करते हैं।' हालाँकि बाद के प्रकाशनों से इस उक्ति को हटा दिया गया और इसके स्थान पर पुस्तक की कितनी प्रतियाँ बिक चुकी हैं, यह लिख दिया गया।

'थिंक एंड ग्रो रिच' के प्रति आकर्षण का एक बड़ा कारण उसका शीर्षक ही है। जिस दौर में यह पुस्तक लिखी गई थी, उस समय लोग

देश भर में महामंदी की मार से जूझ रहे थे और आजीविका के रास्ते तलाश रहे थे। पूरे देश में *'थिंक एंड ग्रो रिच'* को पढ़ा गया और इसने न केवल लोगों की आर्थिक स्थिति को बदला, बल्कि उस अंधकारमय युग में एक उम्मीद भी जगाई। इसलिए यह स्पष्ट था कि नेपोलियन हिल ने अपने पाठकों को भौतिक सफलता प्राप्त करने की शिक्षा दी; लेकिन इसके साथ ही वे यह भी चाहते थे कि वे सफलता के अन्य पैमानों को भी हासिल करना जान लें।

नेपोलियन हिल ने यह समझने के लिए अपना जीवन सफल लोगों के अध्ययन में बिता दिया कि क्यों कुछ लोग सफल हो जाते हैं, जबकि दूसरे लोग नहीं हो पाते। इस सवाल का जवाब उन्हें तब मिला, जब उन्होंने अपने समय के 500 से अधिक सबसे सफल लोगों का साक्षात्कार लिया। इसके साथ ही, हिल ने हजारों लोगों का साक्षात्कार किया, जिन्हें वे असफल मानते थे। हिल अकसर कहा करते थे कि उन्होंने जितना सफल लोगों से नहीं सीखा, उससे अधिक उन्हें उन असफल लोगों से सीखने को मिला।

इतने वर्षों तक साक्षात्कार और शोध के बाद नेपोलियन हिल ने जाना कि कई सफल लोगों के कुछ समान गुण होते हैं और वे एक जैसे सिद्धांतों का ही पालन करते हैं। उन्होंने इन सिद्धांतों का उपयोग सन् 1928 में अपनी पहली पुस्तक *'द लॉ ऑफ सक्सेस'* लिखने के लिए किया। इस पुस्तक का प्रकाशन पहली बार आठ खंडवाले सेट के रूप में हुआ, जिसमें प्रत्येक पुस्तक में सफलता के दो सिद्धांत दिए गए थे।

'द लॉ ऑफ सक्सेस' में दी गई सामग्री को नेपोलियन हिल ने एक ऐसा कोर्स बताया, जिसे गंभीर सोच रखनेवाले लोगों के लिए तैयार किया गया है, जो अपने समय का कम-से-कम एक हिस्सा यह सीखने पर खर्च करना चाहते हैं कि जीवन में सफलता कैसे प्राप्त करें? इसके

पीछे उनके मन में दो उद्देश्य थे—सीखनेवालों को उनकी कमजोरियों का पता लगाने में मदद करना और एक ऐसी योजना बनाना, जो इन कमजोरियों को दूर करने के साधन उपलब्ध कराएगी।

कुछ ऐसी कमजोरियाँ, जो सफलता प्राप्त करने में हमारे लिए बाधा बन जाती हैं, वे इस प्रकार हैं—

- लालच
- अनुदारता
- ईर्ष्या
- प्रतिशोध
- अहंकार।

किसी भी प्रकार की दौलत पाने के लिए किसी भी व्यक्ति को कुछ निश्चित कदम उठाने ही पड़ते हैं। सबसे पहले, एक मुख्य लक्ष्य या प्रमुख उद्देश्य चुन लेना चाहिए। यह एक ऐसा लक्ष्य होता है, जिसे आप प्राप्त करना चाहते हैं और अपनी प्रतिभा के साथ ही एक विशेष काम पर अपने प्रयासों को केंद्रित कर पाते हैं। एक निश्चित प्रमुख उद्देश्य होने पर आप अपना समय और अपनी ऊर्जा व्यर्थ के उद्देश्यों में बरबाद नहीं करते। यह सफलता के सोलह में से दूसरा सिद्धांत था, जिसकी चर्चा *'द लॉ ऑफ सक्सेस'* में की गई है और उस पुस्तक में इस पर काफी जोर दिया गया था।

'द लॉ ऑफ सक्सेस' में पंद्रह अन्य कदमों की भी चर्चा की गई है, जिन्हें नीचे सूचीबद्ध किया गया है और उनकी सहायता से आप जीवन में जिस प्रकार का भी धन प्राप्त करना चाहते हैं, उसे प्राप्त कर सकते हैं।

मास्टर माइंड का सिद्धांत पहला सिद्धांत है, जिसे *'द लॉ ऑफ सक्सेस'* में समझाया गया है और यह सबसे अधिक महत्त्व रखता है।

इसका मतलब है—दो या उससे अधिक लोगों के बीच सहयोग का एक सौहार्दपूर्ण संबंध, जो किसी साझा उद्देश्य को प्राप्त करने के लिए एक-दूसरे के साथ जुड़ जाते हैं। यह सिद्धांत लगभग चामत्कारिक रूप से एक 'मास्टर माइंड' को तैयार करता है, जो अपने अलग-अलग हिस्सों से कहीं अधिक क्षमतावान् होता है, यानी यह उन व्यक्तिगत दिमागों से अधिक शक्तिशाली और सक्षम होता है, जो साथ मिलकर काम कर रहे हैं।

आत्मविश्वास से आप उन छह बुनियादी आशंकाओं को परास्त कर सकते हैं, जिनका सामना हर किसी को करना पड़ता है। यह आशंका गरीबी, बुढ़ापे, बीमारी, आलोचना, प्यार के छिन जाने और मौत को लेकर होती है। आत्मविश्वास आपको अहंकार और सच्चे आत्म-आश्वासन के बीच अंतर की शिक्षा देगा, जिनमें से दूसरा निश्चित कौशल और ज्ञान पर आधारित होता है, जिसका इस्तेमाल आप कर सकते हैं।

बचत करने की आदत से आप यह सीख लेंगे कि अपने पैसे का बँटवारा कैसे करें; क्योंकि आप जो कमाते हैं, उसका एक बड़ा हिस्सा आपके पास रहना चाहिए। इससे आपात स्थिति में आपके पास जमा पैसा मौजूद रहेगा या निवेश के लिए भी उपलब्ध रहेगा। आपके पास पर्याप्त धन रहे, इसके लिए सबसे पहले आपको कुछ जरूरी कदम उठाने होंगे, जिनमें से पहला कदम है—खुद को धन देना। जब तक आप बचत की आदत नहीं बनाते, तब तक वित्तीय सफलता प्राप्त करना आपके लिए असंभव है।

अनुक्रम

कुल मिलाकर, बिना कुछ दिए कुछ नहीं मिलता। आगे चलकर आपको बिल्कुल वही मिलता है, जिसकी कीमत आपने चुकाई है, फिर चाहे आप कोई गाड़ी खरीद रहे हों या ब्रेड का टुकड़ा।

—नेपोलियन हिल

व्यक्तिगत पहल और नेतृत्व ऐसे दो गुण हैं, जिन्हें सफलता प्राप्त करने के लिए विकसित करना ही होगा। किसी भी क्षेत्र में सफलता प्राप्त करना आसान होगा, यदि आप किसी भी परिस्थिति में आगे बढ़कर काम करते हैं और अपनी पहल के साथ काम करते हैं।

कल्पना आपके मन को प्रेरित करेगी, जिससे आपको नए-नए विचार आएँगे और आप जीवन में अपने निश्चित लक्ष्य को पाने के लिए योजनाएँ बना सकेंगे।

उत्साह एक ऐसा गुण है, जो किसी सुखद व्यक्तित्व का आधार होता है और आपको सफलता दिलानेवाली किसी बड़ी पूँजी के समान होता है।

आत्म-नियंत्रण किसी के लिए भी पूर्णतया अनिवार्य है, जो धन पाना चाहता है। यह सिद्धांत सीधे बचत की आदत से जुड़ा है, जहाँ आप वित्तीय रूप से सफल होना चाहते हैं तो आपको अपने पैसों पर नियंत्रण रखना ही होगा। जिन लोगों का अपने ऊपर नियंत्रण नहीं रहता, वे एक दिन दूसरों के नियंत्रण में चले जाते हैं।

अधिक प्रयास करने का मतलब बस, इतना है कि आपको जितने पैसे मिलते हैं, आप उससे अधिक काम करें। यह एक ऐसी चीज है, जिसे आप किसी की इजाजत के बिना कर सकते हैं; लेकिन आज नहीं तो कल, यह आपको भीड़ से अलग खड़ा होने में जरूर मदद करेगी।

आकर्षक व्यक्तित्व एक ऐसा गुण है, जो अच्छा सेल्सपर्सन बना सकता है। हम सभी कुछ-न-कुछ बेच रहे हैं, चाहे वह भौतिक सामान हो या फिर सेवा। किसी भी क्षेत्र में समृद्ध बनने के लिए बेजोड़ सेल्सपर्सन होना अनिवार्य है।

सटीक सोच भी सफलता की राह में लाभदायक साबित होती है।

एकाग्रता एक समय पर सिर्फ एक लक्ष्य या उद्देश्य पर ध्यान केंद्रित करने की योग्यता होती है। यदि आप दौलतमंद बनना चाहते हैं तो आपको अपने मन को वश में करना होगा और इसे उन विचारों पर लगाना होगा, जिनसे आप अपना लक्ष्य प्राप्त कर सकते हैं।

सहयोग एक और जरूरी कदम है, जिससे सफलता मिलती है। यह दूसरों के साथ मिल-जुलकर काम करने की योग्यता है।

गलतियों से सीखने का मतलब है कि आप अपनी गलतियों से सीखें। इससे आपको फिर से शुरुआत करने की ताकत मिलती है। जब कुछ गलत हो जाता है तो आप उस समस्या का कोई दूसरा हल ढूँढ़ पाते हैं।

सहनशीलता किसी व्यक्ति को नस्ली और धार्मिक भेदभाव के विनाशकारी प्रभावों से बचना सिखाती है। असहनशीलता उन करोड़ों लोगों की पराजय का एक प्रमुख कारण है, जो अपने आप को मूर्खतापूर्ण बहस में उलझा लेते हैं, जिससे उनके दिमाग में जहर भर जाता है और वे तर्क के लिए अपने दिमाग के रास्ते बंद कर लेते हैं। यह दोस्तों को दुश्मन बना देता है, अवसरों को समाप्त कर देता है और मन में शंका तथा अविश्वास भर देता है।

सुनहरे नियम को अपनाने से आपको मानव व्यवहार के इस महान् सार्वभौमिक नियम के उपयोग की शिक्षा मिलेगी। इससे आपको किसी भी व्यक्ति या व्यक्तियों के समूह का सुखद सहयोग मिलेगा। ऐसे तमाम लोग, जो आज भी दुःख और गरीबी को झेल रहे हैं, उनकी विफलता का एक प्रमुख कारण यह है कि वे लोग उस नियम को नहीं समझ पाए, जिस पर सुनहरे नियम का यह दर्शन आधारित है।

वे लोग, जो सुनहरे नियम को नहीं समझते, अकसर कहते हैं कि यह कारगर नहीं है। उन्हें 'आँख के बदले आँख और दाँत के बदले दाँत'

के तरीके से सोचने की आदत होती है, जो बदले के सिद्धांत के सिवाय और कुछ नहीं है। यदि अपनी समझदारी को वे एक कदम और आगे बढ़ाएँगे तो उन्हें अहसास होगा कि वे केवल इस नियम के नकारात्मक प्रभावों को देख रहे हैं।

आप जिस पुस्तक को पढ़ने वाले हैं, उसे नेपोलियन हिल फाउंडेशन ने तैयार किया है। इसमें नेपोलियन हिल के संपादित लेख हैं, जो बताते हैं कि सफलता के ये सोलह सिद्धांत, जिनके विषय में मैंने आपको अभी-अभी बताया, किस प्रकार आपको उस दौलत तक ले जा सकते हैं, जिसकी आपको इच्छा है और जिसके आप हकदार हैं।

पहला अध्याय इस पर केंद्रित है कि दूसरों की सहायता करने की बात सीखने से आपको सच्ची खुशी के साथ ही मानसिक व भावनात्मक दौलत मिल सकती है और जैसा कि नेपोलियन हिल कहते हैं, दूसरों की सेवा करने से आपको उनकी सेवा के साथ-साथ आर्थिक लाभ भी मिल सकता है।

अगला अध्याय योजना बनाने की आवश्यकता पर एक संक्षिप्त लेख है, जो बताता है कि यदि आप अपने व्यवसाय या व्यक्तिगत जीवन में सबसे आगे रहना चाहते हैं तो आपके लिए ऐसा करना जरूरी है। इस लेख से आपको प्रेरणा मिलेगी, जिससे आप किसी के अनुयायी बनने की बजाय नेतृत्व करना पसंद करेंगे, जो आप कर सकते हैं।

अध्याय तीन उस दिलचस्प कहानी को बयाँ करता है कि कैसे '*द कॉल ऑफ द वाइल्ड*' के प्रसिद्ध अमेरिकी लेखक और अनेक विख्यात उपन्यासों के लेखक जैक लंडन ने दृढ़ संकल्प व एकाग्रता की सहायता से अनगिनत अस्थायी पराजयों का सामना किया और दौलत कमाई। अपने धैर्य की उन्हें इतनी बड़ी कीमत मिली कि आगे चलकर अपनी किताबों से उन्होंने प्रतिवर्ष 75,000 डॉलर की कमाई की, जो 1900 के

जीतनेवाला कभी हार नहीं मानता और हार मान लेनेवाले की कभी जीत नहीं होती।

—नेपोलियन हिल

दशक में एक बहुत बड़ी रकम थी और जब पहली बार उन्होंने सफलता और दौलत का स्वाद चखा था।

अगला अध्याय सफलता के उस सिद्धांत की चर्चा करता है, जिसे नेपोलियन ने 'नियंत्रित ध्यान' कहा था। इसमें उन्होंने राष्ट्रपति वुडरो विल्सन के साथ ही थॉमस एडिसन, एल्मर गेट्स तथा अलेक्जेंडर ग्राहम बेल जैसे आविष्कारकों की उपलब्धियों के विषय में विस्तार से बताया है। उन्होंने ऐसे लोगों के साथ अपने साक्षात्कार की लंबी चर्चा की और यह समझाया कि किस प्रकार इस सिद्धांत को लागू कर उन्होंने सफलता और महानता प्राप्त की।

अध्याय पाँच सन् 1941 में नेपोलियन हिल लिखित मेंटल डायनामाइट पुस्तिकाओं में से एक के आधार पर लिखा गया है। उस समय अमेरिका द्वितीय विश्व युद्ध में बस, शामिल ही हुआ था। यह बताता है कि सफलता केवल अपने समय को लेकर ध्यानपूर्वक योजना बनाने और फिर उन योजनाओं को दृढ़ संकल्प के साथ लागू करने से ही प्राप्त की जा सकती है। नेपोलियन हिल दिखाते हैं कि इस प्रकार की तैयारी कर लेने से न केवल पैसों की स्थिति को बेहतर बनाया जा सकता है, बल्कि हर परिवार को खुशी की दौलत से मालामाल किया जा सकता है।

अगला अध्याय किसी के भी व्यवसाय या पेशे में वित्तीय स्थिति को सुदृढ़ करने में टीम वर्क पर बल देता है। यह उस संपत्ति के महत्त्व को भी समझाता है, जो एक खुशहाल और सौहार्दपूर्ण परिवार से मिलती है।

अध्याय सात यह सिखाता है कि सुनहरे नियम को लागू करने का लाभ न केवल उन लोगों को मिलता है, जिन्हें इसे अपनानेवालों से मदद मिलती है, बल्कि इसे अपनानेवाले से उस मदद करनेवाले को भी मिलता है। थॉमस एडिसन इस सिद्धांत के उपयोग का एक बहुत बड़ा

उदाहरण थे और उनकी कहानी भी यहाँ बताई गई है।

अगला अध्याय आकर्षण की शक्ति पर केंद्रित है। यह मनोविज्ञान के उस निबंध से लिया गया है, जिसे कभी पूरा नहीं किया जा सका। यह दिखाता है कि किस प्रकार आकर्षण की शक्ति के नियम के साथ-साथ एक सकारात्मक या नकारात्मक मन:स्थिति सफलता दिलाने या उससे विफल करने की भूमिका निभाती है।

अध्याय नौ एक संक्षिप्त लेख है, जिसमें नेपोलियन हिल विस्तार से बताते हैं कि जिसके पास दौलत है, वह उसके इस्तेमाल से अपने साथ-साथ उन लोगों को भी बेहतर व्यक्ति बना सकता है, जिन्हें वह दौलत उनके परोपकार के कारण मिलती है। नेपोलियन हिल ने अपने पूरे जीवन में जिन महान् लोगों का अध्ययन कर सफलता के सिद्धांतों की खोज की, उनमें से अधिकांश ने परोपकार के जरिए ही सच्ची दौलत और मन की शांति प्राप्त की।

अध्याय दस में नेपोलियन ने जेम्स एलन के एक संक्षिप्त, लेकिन शानदार लेख से परिचय कराया, जिसमें बताया गया है कि सफलता प्राप्त करने में भाग्य की क्या भूमिका होती है। आपने सही समझा है—इसकी कोई भूमिका नहीं होती।

अगला अध्याय यह बताता है कि अवचेतन मन में आदतों को डालने में आत्म-सुझाव की क्या भूमिका होती है। जो विचार अवचेतन मन पर छप जाते हैं, वे भौतिक रूप में उसे धरातल पर लाते हैं। यहाँ नेपोलियन विस्तार से यह समझाते हैं कि धन प्राप्त करने में आत्म-सुझाव का उपयोग किस प्रकार करें।

बारहवाँ अध्याय धन प्राप्त करने में विश्वास के महत्त्व के साथ ही यह भी बताता है कि यह सफलता के अन्य सिद्धांतों के साथ मिलकर कैसे कार्य करता है। नेपोलियन ने आस्था को धार्मिक आस्था के रूप में

ही नहीं, बल्कि किसी लक्ष्य के प्रति आत्मविश्वास, दृढ़ संकल्प, निश्चित और समर्पित होने के रूप में देखा, जिसके बाद सही कदम उठाकर उसे प्राप्त किया जाता है। राइट ब्रदर्स, क्रिस्टोफर कोलंबस और अल्बर्ट आइंस्टीन को ऐसे उदाहरणों के रूप में बताया गया है, जिन्होंने दिखाया कि आस्था किस प्रकार सफलता दिला सकती है।

आखिरी अध्याय आत्मानुशासन के सिद्धांत की बात करता है। कुछ लोग इसे सफलता की सबसे बड़ी कुंजी मानते हैं, क्योंकि इसके बिना दूसरा कोई भी सिद्धांत कारगर नहीं हो सकता। नेपोलियन इन सिद्धांतों के साथ आत्मानुशासन के पारस्परिक संबंध को समझाते हैं।

मुझे आशा है कि इस छोटी सी पुस्तक का आप आनंद लेंगे और इसका लाभ उठाएँगे; साथ ही, यह आपको वह सारी सफलता दिलाएगी, जो आप चाहते हैं।

—डॉन एम. ग्रीन

एग्जीक्यूटिव डायरेक्टर

नेपोलियन हिल फाउंडेशन

यदि आपको किसी को बदनाम ही करना है तो
कुछ बोलने की जरूरत नहीं; जो लिखना है,
पानी के किनारे रेत पर लिख दीजिए।

—नेपोलियन हिल

ऐसा व्यक्ति, जो निरंतर किसी निश्चित उद्‌देश्य की प्राप्ति के लिए तीव्र इच्छा से प्रेरित रहता है, वह निश्चित रूप से उसे प्राप्त करने के रास्तों और साधनों को ढूँढ़ ही लेता है।

—नेपोलियन हिल

दूसरों को सेवा देना सीखें

आप जीवन में कितनी दौलत कमाएँगे, यह काफी हद तक इस पर निर्भर करेगा कि आप कितने लोगों को सेवा देते हैं। सबसे पहले, हमें इसके लिए तैयार रहना चाहिए कि जब धन-संपत्ति हमारे करीब हो, तब हम उसे पहचान सकें। कुछ लोगों को लगता है कि धन केवल पैसों के रूप में ही होता है; लेकिन जो धन लंबे समय तक चलता है, वह व्यापक अर्थ में भौतिक वस्तुओं की बजाय अनेक मूल्यवान् चीजों से मिलकर बना होता है और मैं कहना चाहूँगा कि उन महत्त्वपूर्ण चीजों के बिना, जिन्हें मूर्त रूप में नहीं देखा जा सकता, वह खुशी नहीं मिल सकती, जो कुछ लोगों को लगता है कि पैसों से मिलती है।

मैं जब धन की बात करता हूँ तो मेरे दिमाग में वह सबसे बड़ी संपत्ति आती है, जिसके मालिकों ने जीवन को अपनी ही शर्तों पर जिया है—ऐसी शर्तों पर, जो संतुष्टि और संपूर्णता देती हैं। जीवन के ऐसे धन का लाभ उन सभी लोगों को मिलेगा, जो उसे प्राप्त करने के लिए तैयार हैं। मुझे विश्वास है कि कुछ लोगों ने इस बात को सुना होगा, 'जब शिष्य तैयार हो तो गुरु अपने आप प्रकट हो जाएगा।' तो क्या आप उसे प्राप्त करने के लिए तैयार हैं?

सारे धन, चाहे किसी भी प्रकार के हों, उनकी शुरुआत एक मन:स्थिति से होती है, जो एक और एकमात्र ऐसी चीज है, जिस पर पूर्ण नियंत्रण का किसी भी व्यक्ति के पास अनुल्लंघनीय अधिकार होता है।

यह भी काफी महत्त्वपूर्ण है कि दुनिया बनानेवाले ने मनुष्य को कुछ और नहीं, बल्कि अपने विचारों को स्वरूप देने की शक्ति दी और यह विशेषाधिकार दिया कि वह उन्हें अपनी पसंद के अनुसार ढाल सके।

मन:स्थिति इस कारण महत्त्वपूर्ण है, क्योंकि यह दिमाग को किसी विद्युत् चुंबक जैसी चीज में बदल देती है, जो किसी व्यक्ति के प्रमुख विचारों, लक्ष्यों और उद्‌देश्यों से मिलती-जुलती बातों को आकर्षित करती है। यह किसी के डर, उसकी चिंता और शंका से जुड़ी बातों को भी आकर्षित कर सकती है।

एक सकारात्मक सोच या पी.एम.ए., जिस नाम से कई लोग इसे पुकारते हैं, वहीं से सभी प्रकार के धन की शुरुआत होती है, चाहे वह कोई भौतिक धन हो या ऐसा, जो मूर्त रूप में न हो। यह सच्ची दोस्ती और ऐसे धन को आकर्षित करता है, जिनमें किसी को भविष्य में सफल होने की उम्मीद नजर आती है।

यह ऐसे धन दिलाता है, जिनमें किसी को प्रकृति की देन दिखाई देती है, जैसी चाँद-तारों में दिखती है—उन सितारों में, जो आसमान में चमकते हैं, सुंदर प्राकृतिक दृश्यों और सुदूर क्षितिज में नजर आती है।

यह प्रेरित करती है और उस प्रेरणा से मन दूसरों की सहायता करने के साधन ढूँढ़ता है।

सकारात्मक सोच से किसी को ऐसा धन भी मिलता है, जिसे वह अपनी पसंद के काम में पा सकता है, जहाँ मनुष्य का उत्साह उसे

यह एक ऐसा युग है, जिसमें सभी लोगों के मन में सेवा का सर्वोच्च स्थान है। ऐसा व्यक्ति, जो सबसे सामान्य प्रकार की सेवा देने का तरीका ढूँढ़ लेता है, वह अपना वेतन खुद तय कर सकता है और बिना किसी विरोध के उसे प्राप्त कर सकता है। यदि आप सामान के पैकेट पर अच्छा कवर लगा सकते हैं या किसी खिड़की पर अच्छा परदा डाल सकते हैं या अपने साथ काम करनेवाले लोगों के बीच बेहतर संबंध बना सकते हैं तो आप निश्चित रूप से सफलता के पथ पर तेजी से बढ़ जाएँगे, बशर्ते आप अपनी क्षमता को कार्य-रूप दें।

—नेपोलियन हिल

उसके सर्वोच्च स्तर तक ले जा सकता है। इससे संबंधों में सौहार्द का धन भी देता है, जहाँ सभी सदस्य मित्रवत् सहयोग की भावना से मिलकर काम करते हैं।

और आखिर में, सकारात्मक सोच अच्छे मानसिक स्वास्थ्य का धन भी दिलाता है, जो उन लोगों के लिए एक खजाना है, जिन्होंने अच्छे शारीरिक स्वास्थ्य को बनाए रखने के महत्त्व को जान लिया है।

जो व्यक्ति मिलनेवाले धन के बदले उससे अधिक सेवा और बेहतर सेवा देता है, उसकी हमेशा माँग रहती है; क्योंकि इस मामले में उसे कोई टक्कर नहीं दे पाता है।

—नेपोलियन हिल

जब धन आना शुरू होता है तो इतनी तेजी से
आता है और इतना बेहिसाब आता है कि व्यक्ति
हैरान रह जाता है कि तंगी के इतने वर्षों के
दौरान वह कहाँ छिपा बैठा था।

—नेपोलियन हिल

दिमाग की कोई सीमा नहीं, सिवाय उसके, जिसे
हम मान लेते हैं।

—नेपोलियन हिल

आपको जितने पैसे मिलते हैं, उससे अधिक और बेहतर सेवा देने की आदत यदि आपने डाल ली तो वह दिन दूर नहीं होगा, जब उत्पत्ति वृद्धि का नियम आपके पक्ष में काम करने लग जाएगा।

—नेपोलियन हिल

प्रत्येक विपरीत परिस्थिति में उसी मात्रा में या उससे अधिक लाभ का बीज छिपा होता है। माइलो जोन्स की कहानी विपरीत परिस्थिति से पार पाने और दूसरों को अपनी सेवा देकर धन कमाने का एक बेहतरीन उदाहरण है।

माइलो जोन्स एक किसान थे, लेकिन अचानक उन्हें लकवा मार गया और उन्हें पता चला कि वे दोबारा कभी चल-फिर नहीं सकेंगे। उन्होंने जब बिस्तर पकड़ लिया, तब उन्हें इस बारे में सोचने का पर्याप्त समय मिला कि वे इस परिस्थिति से कैसे निकलें और अपने परिवार को चलाने का बंदोबस्त कैसे करें। वे इस नतीजे पर पहुँचे कि वे अपने खेत में सूअरों को पालेंगे, जिनका इस्तेमाल सॉसेज बनाकर बेचने में किया जाएगा। अपने इस छोटे से आइडिया से वे देखते-ही-देखते सुबह के नाश्ते के लिए देश के सबसे बड़े सॉसेज बनानेवालों में से एक बन गए। अपनी तबाही की स्थिति में भी माइलो ने दिमाग का इस्तेमाल सोचने और योजना बनाने में किया। उन्होंने सीखा कि कैसे दूसरों को सेवा देकर अमीर बना जा सकता है।

एक सामान्य मानवीय प्रवृत्ति है कि लोग जीवन की बेहतरीन चीजों की इच्छा रखते हैं, क्योंकि मनुष्य स्वभाव से ही जीवन में ज्यादा-से-ज्यादा पाना चाहता है। हममें से कई आर्थिक रूप से सुरक्षित होना चाहते हैं, जो पैसों से संभव है और सही मायने में दूसरों को सेवा देकर हम अपने प्रयासों के बदले पैसे कमा सकते हैं। यहाँ एक बात याद रखिए—बिना कुछ दिए कुछ भी नहीं मिलता है।

स्थायी रूप से अमीर बनने का एक सुदृढ़ उपाय दूसरों को बेहतरीन सेवा देना है। फिर भी, कई लोग पहले पैसे को अपना निश्चित प्रमुख उद्देश्य बनाते हैं और सेवा देने को दूसरा स्थान देते हैं। ऐसा नहीं होना चाहिए। आपको अपने दिमाग में इस बात को बिठा लेना चाहिए कि किसी भी प्रकार से दूसरों को सेवा दी जाए, उसके बाद पैसा अपने आप ही आएगा।

यह मनुष्य के स्वभाव का विशेष लक्षण होता है; लेकिन सच भी है कि अधिकांश सफल लोग सिर्फ पैसे के लिए नहीं, बल्कि उससे कहीं अधिक उपयोगी सेवा देने के लिए कठिन परिश्रम करते हैं।

किसी व्यक्ति के जीवन का सबसे बुरा दिन
वह होता है, जिस दिन वह बैठकर सोचने
लगता है कि कैसे कुछ किए बिना ही
उसे कुछ मिल जाता।

—थॉमस जेफरसन

एक निश्चित मुख्य उद्देश्य के साथ काम करने की आदत आप में तुरंत निर्णय लेने की आदत बनाएगी और यह अद्भुत आदत जीवन में आपको आपके हर काम में मदद देगी। दिमाग में एक निश्चित मुख्य उद्देश्य के साथ आप अपना ध्यान सामने आए काम को पूरा करने में लगा सकेंगे।

एक निश्चित मुख्य उद्देश्य और एकाग्रता दो ऐसे लक्षण हैं, जो हमेशा साथ-साथ चलते हैं। ऐसे गुण अत्यधिक सफल व्यक्तियों में देखे जाते हैं और प्रत्येक गुण दूसरे का सहायक होता है।

सबसे अधिक सफल पुरुष एवं स्त्री वे होते हैं, जो तुरंत निर्णय लेते हैं और एक बार में केवल एक ही निश्चित मुख्य उद्देश्य पर अपना ध्यान लगाते हैं। उदाहरण के लिए, एफ.डब्ल्यू. वुलवर्थ जब फाइव एंड टेन सेंट स्टोर्स की चेन खोलने निकले, तब उनके दिमाग में एक बार एक ही काम को पूरा करने की बात थी। विलियम रिगली जूनियर जब तक अमीर नहीं बन गए, तब तक उनके दिमाग में बस, च्युइंगगम बेचने की ही बात थी। एडविन सी. बार्न्स ने थॉमस एडिसन के पार्टनर बनने का निश्चित मुख्य उद्देश्य तय कर लिया था और वे एडिसन के एकमात्र बिजनेस पार्टनर बन गए। इसी तरह अब्राहम लिंकन, हेनरी फोर्ड, एंड्रयू कार्नेगी, जॉर्ज ईस्टमैन और ऐसे हजारों लोग अपनी ही शर्तों पर सफल हुए; क्योंकि वे जानते थे कि अपने प्रयासों पर अपना ध्यान कैसे केंद्रित करें।

ऐसे लोगों के उदाहरण भी कम नहीं, जो केवल गलतियों और विपरीत परिस्थितियों पर ध्यान केंद्रित करते हैं। ऐसे लोग गरीबी, असफलता, हतोत्साह, अप्रसन्नता एवं अन्य नकारात्मक विचारों पर ध्यान केंद्रित करते हैं और प्रकृति उन्हें ऐसी ही चीजें दे देती है।

बेहतर सेवा देने या बेहतर उत्पाद बनाने का बस, एक ही आइडिया

आपको सफलता और धन-प्राप्ति के रास्ते पर ले जाने के लिए काफी है। यदि आपने इसे अपना निश्चित प्रमुख उद्देश्य बना लिया और अपना पूरा प्रयास इस काम पर लगा दिया तो आप सफलता के एक ऐसे स्तर पर पहुँचेंगे, जिसके बारे में अधिकांश लोग केवल सपने में ही सोच सकते हैं।

'*थिंक एंड ग्रो रिच*' में मैंने लिखा था—'प्रत्येक अध्याय में धन कमाने के सीक्रेट की चर्चा है, जिसने 500 से अधिक बेहिसाब दौलत कमानेवाले लोगों की किस्मत चमका दी, जिनका मैंने कई वर्षों तक अध्ययन किया है। इस सीक्रेट के बारे में मुझे एंड्रयू कार्नेगी ने पच्चीस साल से भी पहले बताया था। मैं जिस सीक्रेट की बात कर रहा हूँ, उसकी इस पुस्तक में अलग-अलग जगहों पर कम-से-कम 100 बार चर्चा की गई है। इसे सीधे-सीधे नहीं बताया गया है; क्योंकि ऐसा लगता है कि यह तब अधिक कारगर होता है, जब इसे बस सामने रख दिया जाए और देखने के लिए छोड़ दिया जाए, जहाँ से वे लोग इसे उठा लें, जो इसके लिए तैयार हैं और इसे ढूँढ़ रहे हैं। इस वजह से ही एंड्रयू कार्नेगी ने इसे कोई नाम दिए बिना ही चुपचाप इसे मेरे सामने रख दिया।'

यदि आप इसका इस्तेमाल करने के लिए तैयार हैं तो आप उस सीक्रेट को प्रत्येक अध्याय में कम-से-कम एक बार जरूर पहचान लेंगे। काश, मैं आपको बता सकता कि जब आप उस सीक्रेट को लेने के लिए तैयार होंगे, तब उसका पता आपको कैसे चलेगा; लेकिन मैं ऐसा कर दूँ तो आपको उतना लाभ नहीं मिल सकेगा, जितना कि आप अपने ही तरीके से उसे ढूँढ़कर पा सकते हैं।

बिना कुछ दिए कुछ मिल जाए, ऐसा कुछ नहीं होता। मैं जिस सीक्रेट की बात कर रहा हूँ, उसे कीमत चुकाए बिना हासिल नहीं किया जा सकता, भले ही वह कीमत उसके मूल्य से काफी कम है। उन लोगों

को वह किसी भी कीमत पर नहीं मिल सकता, जो सच्चे मन से उसे नहीं ढूँढ़ रहे हैं। उसे दिया नहीं जा सकता। उसे पैसे से खरीदा नहीं जा सकता, क्योंकि वह दो हिस्सों में आता है। एक हिस्सा तो उन लोगों के पास ही है, जो इसके लिए तैयार हैं।

क्या आप उस सीक्रेट को जानने के लिए तैयार हैं? दूसरों को सेवा देकर आप इसके लिए तैयार हो पाएँगे।

□

सेवाओं की बिक्री की योजना बनाना

ऐसे किसी भी व्यक्ति के लिए व्यक्तिगत सेवाओं को बेचने के तरीके और साधनों के बारे में जान लेना जरूरी है, जो अपनी सेवा बाजार में देना चाहते हैं। यह उन लोगों के लिए तो और भी जरूरी है, जो नेतृत्व सँभालने की भूमिका में आना चाहते हैं, चाहे वे किसी भी कॅरियर या क्षेत्र में काम कर रहे हों।

किसी भी उद्यम में सफलता के लिए बुद्धिमानी भरी योजना बनाना जरूरी है और यही बात धन कमाने के मामले में सच साबित होती है।

आजीविका कमाने के केवल दो वास्तविक तरीके हैं और वे हैं—उत्पादों की बिक्री या सेवाओं की बिक्री। यदि आप सेवा देने के क्षेत्र में हैं तो यह जानकर आपको प्रेरणा मिलेगी कि ज्यादातर मामलों में दौलत इकट्ठा होने की शुरुआत सेवाओं की बिक्री या किसी आइडिया से हुई है।

इस दुनिया में दो तरह के लोग हैं—एक, जिन्हें नेतृत्व करनेवाला माना जाता है और दूसरे, जिन्हें अनुयायी कहा जाता है। अपने कॅरियर की शुरुआत में ही आपको यह फैसला कर लेना चाहिए कि आप इनमें से किस तरह का बनना चाहेंगे। नेतृत्व करनेवालों को उनके पीछे-पीछे चलनेवालों से अधिक पैसे मिलते हैं और अनुयायियों के मन में जब

नेतृत्व करनेवालों से अधिक पैसे की इच्छा पैदा होती है तो उन्हें निराश होना पड़ता है।

मैं कहना चाहूँगा कि अनुयायी होने में कोई बुराई नहीं है; लेकिन इसका मतलब यह नहीं कि आपको जीवन भर अनुयायी बने रहना चाहिए। अधिकांश नेतृत्व करनेवाले पहले अच्छे अनुयायी बने और फिर आगे बढ़ गए।

आप में से जो लोग नेतृत्व की भूमिका में आना चाहते हैं, उन्हें जान लेना चाहिए कि उस भूमिका के लिए किस प्रकार के गुण होने चाहिए। सबसे पहले आप में अपने निर्णयों या कदमों की जिम्मेदारी लेने का साहस व योग्यता होनी चाहिए और फिर आपको आत्म-नियंत्रण की आवश्यकता होगी; क्योंकि जो व्यक्ति खुद पर नियंत्रण नहीं रख सकता, वह दूसरों का नेतृत्व नहीं कर पाएगा।

एक अच्छा नेता वही होता है, जो तुरंत निर्णय ले सकता है। एक अच्छे नेता को अपने काम की योजना बनाना और योजना पर काम करना आना चाहिए। अतिरिक्त प्रयास करना एक और गुण है, जो किसी नेता में होना ही चाहिए।

दो प्रकार के नेतृत्व होते हैं, जिनकी जानकारी आपको होनी चाहिए। सबसे प्रभावी नेतृत्व वह होता है, जो सहमति से चलता है, यानी नेता के रूप में आप जो निर्णय लें, उसमें अनुयायियों की सहमति हो। दूसरी तरह का नेतृत्व बलपूर्वक होता है, जहाँ आपको सहयोगियों की सहमति और सहानुभूति नहीं मिलती। इतिहास गवाह है कि बलपूर्वक चलाया जानेवाला नेतृत्व लंबे समय तक नहीं चल पाता है।

हम सभी कुछ-न-कुछ बेचते हैं। मैंने हजारों लोगों को बेचना सिखाया है और मेरी बात मानिए, इसके लिए आपको योजना बनाने

के साथ ही यह निर्णय लेना होता है कि अपने और अपने 'ग्राहकों' को आप कैसे उस राह पर ले जाएँगे, जहाँ से आप दौलत कमाना चाहते हैं। अपने काम की योजना बनाइए, फिर बिक्री की अपनी योजना पर काम कीजिए—और आप दौलत कमाने की राह पर होंगे।

उपयोगी आइडिया आमतौर पर ऐसे लोगों का होता है, जो यह मानकर काम करते हैं कि उन्हें जितना पैसा मिलता है, उससे उन्हें कहीं अधिक काम करना है। शायद ही कभी ऐसे लोग आइडिया दे पाते हैं, जो उतना ही काम करते हैं, जिससे 'काम चल जाए।'

—नेपोलियन हिल

यदि आप तब तक इंतजार करेंगे, जब तक कि पूरी तरह तैयार न हो जाएँ, जब तक सफलता के लिए जरूरी सबकुछ आपके हाथ में न आ जाए तो आप कहीं के नहीं रहेंगे; क्योंकि सही अर्थों में सफलता वह होती है, जिसे केवल वही व्यक्ति प्राप्त कर सकता है, जो अपनी जगह से आगे बढ़ता है और जिसमें सामने आनेवाली आपात स्थितियों से निपटने का साहस होता है। यदि आप अपने लिए सही समय के आने तक इंतजार करेंगे तो समय कभी सही नहीं होगा। आपके पास जो है, उसी से बेहतरीन काम करें; जब जरूरत बढ़ेगी तो बाकी के साधन भी जुट जाएँगे।

—नेपोलियन हिल

□

वह व्यक्ति, जिसने असफल होने का साहस दिखाया

क्या आपने कभी ऐसे व्यक्ति के बारे में सुना है, जो किसी ऐसे सपने को बेचने का दाँव लगाए, जो सच नहीं हुआ और हर साल 75,000 डॉलर जीत ले?

जैक लंडन ने ऐसा ही किया था। वे अमेरिका में अपने जमाने के प्रमुख साहित्यकार बने और हर साल 75,000 डॉलर कमाए, क्योंकि उन्होंने अपने दिल में लंबे समय से दबी इच्छा के लिए एक बड़ा दाँव खेलने का साहस दिखाया।

दर्जनों कारण थे कि जैक लंडन लेखक नहीं बन सकते थे। कारण अच्छे भी थे और ठोस भी, लेकिन जैक उन्हें मानने को तैयार नहीं थे। उन्होंने केवल एक साल तक हाई स्कूल की पढ़ाई की। उनकी संगति भी ऐसे लोगों की थी, जिनका साहित्य से दूर-दूर तक कोई नाता नहीं था; बल्कि वे समुद्री लुटेरे और आवारा जहाजों के चालक थे। उनके भीतर एक विचित्र सी भावना थी, जो बेलगाम थी और जिसे दबाया नहीं जा सकता था। यही कारण था कि सोलह साल का होने से पहले ही वे दुनिया के हर बंदरगाह में जाने-पहचाने नाविक बन गए थे। उनके

भीतर खून-खराबे की ऐसी प्यास थी, जो बुझती नहीं थी और किसी साहित्यकार के पारंपरिक रूप से शांत जीवन के पूरी तरह खिलाफ थी।

इन सबसे लड़ते हुए लेखक बनने के लिए उन्होंने अपना ध्यान सारी चीजों से हटाकर पढ़ने के प्रति प्रेम एवं लेखक बनने के दृढ़ निश्चय पर लगाया और यह संकल्प उन्होंने तब लिया, जब उनका जहाज जापान के तट को छोड़ रहा था।

जहाज जैसे ही सैन फ्रांसिस्को पहुँचा, उन्होंने यूनिवर्सिटी ऑफ कैलिफोर्निया को पत्र लिखकर प्रवेश परीक्षा की जानकारी माँगी। उन्हें यह जानकारी मिली कि प्रवेश के लिए उन्हें एक परीक्षा पास करनी होगी, जो उस ज्ञान पर आधारित होगी, जो उन्हें हाई स्कूल में मिला होगा।

इस बात से घबराए बिना उन्होंने कमरे में हाई स्कूल की पाठ्य पुस्तकों को इकट्ठा कर लिया और पढ़ाई का एक कार्यक्रम तय किया। दिन में वे जो भी काम मिलता, उसे करते—अखबार पहुँचाते, दरबानी करते, लॉण्ड्री में एवं आग की भट्ठी में मजदूरी करते। रात को वे बिस्तर पर टेक लगाकर पढ़ाई करते। उन्होंने अपने तकिए के नीचे लकड़ी की कीलें लगा रखी थीं, ताकि जब भी उन्हें झपकी आए तो वे उन्हें चुभ जाएँ और मजबूरी में वे फिर से सीधे बैठ जाएँ।

गरमियों के पूरे महीने के दौरान वे इसी तरह मेहनत करते रहे और सर्दियों में प्रवेश परीक्षा में बैठे तथा पास हो गए।

लेकिन यूनिवर्सिटी में वे जिस चीज की तलाश कर रहे थे, वह उन्हें नहीं मिली। ज्ञान को लेकर किताबी तरीका उन्हें अपने बेरोक-टोक उत्साह के आगे मृतप्राय लगा। पहले सेमेस्टर के अंत में मन में कड़वाहट और निराशा लिये उन्होंने कॉलेज की पढ़ाई छोड़ दी।

क्षणिक हार को असफलता नहीं माना जा सकता। महान् लोग पराजय को अधिक प्रयास का संकेत मात्र मानते हैं।

—नेपोलियन हिल

लेकिन अपने आप ही पढ़ाई करने के घातक तरीके को उन्होंने जारी रखा, जिसमें वे दिन में काम करते थे और रात को लिखते थे।

वे ग्रामीण इलाकों तक चिट्ठी पहुँचानेवाली नौकरी के लिए सिविल सेवा की परीक्षा में बैठे और उसमें पास हो गए। नौकरी के लिए बुलावा आ गया। उनका नाम सूची में पहले नंबर पर था और उन्हें नौकरी स्वीकार करने के लिए एक दिन का समय दिया गया। पूरी रात बिस्तर पर बैठकर वे गहन चिंतन में डूबे रहे। यदि उन्होंने नौकरी स्वीकार कर ली तो उन्हें जीवन भर आजीविका की चिंता नहीं करनी थी। उनकी माँ और उनकी बहनें तो खुशी से पागल हो गईं और चाहती थीं कि वे नौकरी स्वीकार कर लें। पहली बार उन्हें कोई स्थायी काम मिला था, जिसका वेतन भी ठीक-ठाक था।

दूसरी तरफ, उसे स्वीकार करने का अर्थ था—लेखन के साथ समझौता, अपने सपने की तिलांजलि, हमेशा-हमेशा के लिए अपने कठोर संकल्प में कील ठोंक देना। इसका अर्थ था दुनिया को उस भयंकर, खून-खराबे से भरी तथा दुःखद जिंदगी के बारे में बताने की तीव्र इच्छा का गला घोंट देना, जिसे उन्होंने देखा था।

आखिरकार वे थककर सो गए। उनकी नींद खुली तो उन्होंने कमरे में चारों ओर नजर दौड़ाई। उन्हें किताबों का ढेर, पांडुलिपियों का अंबार, टूटा-फूटा टाइपराइटर दिखाई दिया। सुबह की साफ रोशनी में इन सबकी एक झलक ही काफी थी।

वे पोस्ट ऑफिस विभाग पहुँच गए और कहा कि वे कुछ दिन बाद जॉइन करना चाहते हैं, लेकिन उनसे कहा गया कि तुरंत जॉइन करें या हमेशा के लिए उस नौकरी को भूल जाएँ।

'मैं इसे भूल जाऊँगा।' उन्होंने कहा और बाहर निकल आए। लौट आए फिर से दिन में थका देनेवाले, आत्मा को झकझोर देनेवाले किसी

भी काम को करने के लिए और रात को घंटों, आँखों में चुभन, सीने में जलन के साथ लिखने के लिए।

पांडुलिपियाँ किसी धारा की तरह बहती हुई बाहर जातीं और खारिज किए जाने के बाद उड़ती हुई उनकी मेज तक वापस लौट आतीं। उन्होंने अपनी साइकिल, अपनी किताबें, अपने कपड़े—सबकुछ गिरवी रख दिए, सिवाय उस टाइपराइटर के।

फिर, एक दिन सुबह के समय—वे जब डाकिया के हाथों वापस आई पांडुलिपियों को गिन रहे थे, तब दो बड़े लिफाफों के बीच से एक चिट्ठी नीचे गिरी। उन्होंने लिफाफे को फाड़कर खोला और काँपते हाथों से उस पन्ने को खोला।

'द सैटरडे ईवनिंग पोस्ट' ने उन्हें *'द कॉल ऑफ द वाइल्ड'* के पहले अमेरिकी सीरियल के अधिकारों के बदले 750 डॉलर का ऑफर दिया और कुछ ही दिनों बाद उन्होंने उस किताब के अधिकार किसी दूसरे प्रकाशक को 2,000 डॉलर में बेच दिए।

भूख और आशंकाओं से भरे दिन अब बीत चुके थे। कुछ ही वर्षों में वह सपना आश्चर्यजनक रूप से सच हो गया था। जैक लंडन हर साल 75,000 डॉलर कमा रहे थे।

जबरदस्त सफलता की यह कहानी स्पष्ट रूप से सफलता के पहले सिद्धांत—उद्देश्य की निश्चितता को दिखाती है। जैक लंडन, जो घुमक्कड़ जहाजों का नाविक था, वह लेखक बन गया, क्योंकि उसके हृदय में एक लौ जली थी और उसने ठान लिया था कि उसे लेखक बनना है। उस दृढ़ संकल्प, उस तीव्र इच्छा के बिना हम यही कल्पना कर सकते हैं कि वे सिंगापुर में चाकूबाजी की किसी लड़ाई में मारे गए होते।

उद्देश्य की निश्चितता का वह सिद्धांत ही सारी सफलताओं के पीछे होता है और लंडन की कहानी उसे स्पष्ट रूप से दिखाती है। जापान के तट को उस रात छोड़ते समय उन्होंने लेखक बनने का जो संकल्प लिया था, वह शायद उनके जीवन का सबसे बड़ा फैसला था और उस फैसले के कारण ही उन्होंने अपने सपने के आगे एक सुरक्षित सरकारी नौकरी को भी ठुकरा दिया।

उस रात जैक लंडन ने जो जुआ खेला था, उसमें उन्होंने अपना सबकुछ दाँव पर लगा दिया था। अपने भरोसे के लिए उन्होंने असफल होने का साहस दिखाया और वे अपने निश्चित उद्देश्य के साथ खड़े रहे। एकाग्रता और दृढ़ संकल्प ने उन्हें वह धन दिलाया, जिसका सपना उन्होंने देखा था।

पिछले कई वर्षों के दौरान मैंने अमेरिका में 25,000 स्त्री–पुरुषों का विश्लेषण किया है। उनमें से 98 प्रतिशत असफल हुए और हर असफलता का कारण था—जीवन में निश्चित उद्देश्य का अभाव। जो 2 प्रतिशत सफल हुए, उनमें से किसी अपवाद के बिना सभी का जीवन में एक निश्चित उद्देश्य था और उसके साथ उसे पाने की एक तीव्र इच्छा थी। उन्हें सफलता के बाद दौलत मिली और यह वैसे ही हुआ, जैसे रात के बाद दिन और दिन के बाद रात होती है।

□

नियंत्रित ध्यान

चलिए, अब अपना ध्यान नियंत्रित ध्यान की विशेषता की तरफ ले जाते हैं, जो कुछ सिद्धांतों को मिला देने से धन पाने का रास्ता दिखाता है। जब इसे उन चार अन्य सिद्धांतों के साथ मिला दिया जाता है, जिनका मैंने अध्ययन किया है तो ऐसा देखा गया है कि यह सफलता दिलाता है।

हम गौर करने के साथ ही अनुभव से जानते हैं कि जब निम्नलिखित सिद्धांतों को दिमाग में कुछ मिले-जुले विचारों के साथ इकट्ठा किया जाता है तो ऐसी मानसिक शक्ति पैदा हो सकती है, जिसे 'चमत्कार' के आसपास कहा जा सकता है—

(क) उद्देश्य की निश्चितता

(ख) भावनाओं के नियंत्रण से आत्मानुशासन

(ग) नियंत्रित ध्यान

(घ) अपने उद्देश्य के विषय पर लागू कल्पना

(ङ) सक्रिय रूप से प्रयुक्त आस्था का उपयोग

यहाँ उन सिद्धांतों का एक सम्मिश्रण दिया जा रहा है, जो ऐसी किसी भी समस्या को सुलझाने की क्षमता रखता है, जो किसी के भी

सामने आ सकती है। वह मानसिक शक्ति किसी एक सिद्धांत से नहीं, बल्कि कई सिद्धांतों के मेल से मिलती है। चलिए, देखते हैं कि कैसे इन सिद्धांतों को लागू किया जाता है, जो ऐसी मानसिक शक्ति पैदा करते हैं, जिससे सफलता और धन की प्राप्ति होती है—

मान लीजिए कि किसी व्यक्ति के साथ सबसे सामान्य समस्या आ जाती है और उसे किसी काम के लिए कुछ पैसों की जरूरत पड़ जाती है। इस समस्या से निपटने के दो मुख्य तरीके हैं—पहला, वह झल्लाता है, लेकिन धन जुटाने के लिए कुछ नहीं करता है। आमतौर पर लोग समस्या के समय ऐसा ही करते हैं। या फिर, **यहाँ बताए गए पाँच सिद्धांतों को मिलाकर और तुरंत धन के इंतजाम में जुटकर वह समस्या का सामना करता है।**

इन पाँच सिद्धांतों को इस प्रकार लागू करें—

- कितना धन चाहिए, यह मालूम है और उस व्यक्ति ने उसे जुटाने का मन बना लिया है। यह उद्देश्य की निश्चितता है।
- धन नहीं जुटाया जा सकता, इस प्रकार की सारी आशंका और सारा भय मन से निकल चुका है। इसे 'आत्मानुशासन' कहते हैं।
- दिमाग अन्य सभी प्रकार की समस्याओं से हटकर धन जुटाने के काम पर केंद्रित हो गया है। इसे 'नियंत्रित ध्यान. कहते हैं।
- दिमाग में सूझ-बूझ का जो हिस्सा होता है, वह उस धन के समान महत्त्ववाली किसी चीज को तैयार करने में जुट जाता है, जिसे धन के बदले दिया जाएगा।
- दिमाग से बार-बार कहा जाता है कि जरूरी धन जुटा लिया जाएगा, फिर चाहे उसकी कोई भी कीमत क्यों न चुकानी पड़े या कैसी भी परिस्थितियाँ क्यों न हों। यही प्रयुक्त आस्था होती

है, जो काररवाई करती दिखती है।

जब इन पाँच सिद्धांतों को मिला दिया जाता है और जिस तरीके से बताया गया है, उसी तरीके से लागू किया जाता है तो अवचेतन मन काम पर लग जाता है और ऐसी योजना बनाता है, जिससे धन जुटाया जा सके।

मैंने पाँच सिद्धांतों के जिस मिले-जुले रूप की बात की है कि उससे किसी को ऐसी शक्ति मिलती है, जो इनमें से किसी एक सिद्धांत से नहीं मिल सकती। महान् उपलब्धियों को प्राप्त करनेवाले लोगों के अनुभव इसकी पुष्टि करते हैं। सबसे पहले मैं यहाँ महान् आविष्कारक थॉमस अल्वा एडिसन का नाम लूँगा, जिन्होंने इस विषय पर जो कहा था, उस कथन को—जहाँ तक मेरी स्मृति मेरा साथ दे रही है, वहाँ तक—शब्दश: आपके सामने रख रहा हूँ—

"अगर तुम मुझसे कहो," मिस्टर एडिसन ने कहा, "कि मैं किसी सफल आविष्कारक की कुछ सबसे बड़ी विशेषताओं को बताऊँ तो मैं उन्हें एकदम संक्षेप में बता दूँगा। सबसे पहले, उनमें शामिल रहता है निश्चित ज्ञान कि कोई क्या प्राप्त करना चाहता है। (उद्देश्य की निश्चितता) किसी को भी अपना मन उस उद्देश्य पर उसी लगन के साथ स्थिर कर लेना चाहिए, जिसमें 'असंभव' जैसा कोई शब्द न हो और वह उस विषय पर इकट्ठी की गई सारी जानकारी के साथ अनुभव का प्रयोग करे। (नियंत्रित ध्यान, कल्पना) उसे अपनी खोज को लगातार जारी रखना चाहिए, चाहे उस खोज में उसे कितनी ही बार असफलता क्यों न मिले। (प्रयुक्त आस्था) उसे इस बात की चिंता नहीं करनी चाहिए कि किसी और ने भी उसी आइडिया को लेकर प्रयास किया था, लेकिन सफलता नहीं मिली थी (आत्मानुशासन) उसे इस बात का विश्वास होना चाहिए कि उसकी समस्या का निदान कहीं-न-कहीं छिपा है और वह उसे ढूँढ़ लेगा।" (प्रयुक्त आस्था)

शिक्षा का अर्थ होता है—अंदर से विकास।
'एजुकेट' लैटिन शब्द 'एडुको' से बना है,
जिसका अर्थ होता है—'अंदर से विकसित करने
के लिए प्रेरित करना, बाहर निकालना।'
पढ़ाना शिक्षा नहीं है, क्योंकि जरूरी नहीं कि
पढ़ाने की प्रक्रिया में मनुष्य का दिमाग अंदर से
विकसित हो जाए।

—नेपोलियन हिल

फिर श्री एडिसन ने कहा, "जब कोई मनुष्य किसी समस्या को सुलझाने का मन बना लेता है तो हो सकता है कि पहले उसे मुश्किलों का सामना करना पड़े, लेकिन वह लगा रहता है और खोजता रहता है तो उसे समाधान मिल ही जाएगा। मैं नहीं मानता था कि कोई योजना विफल हो सकती है।" (यहाँ सभी पाँच सिद्धांतों का मेल दिखता है।)

आगे उन्होंने कहा, "अधिकांश लोगों के साथ दिक्कत यह है कि वे सही मायने में कभी काम ही नहीं करते। शुरू करने से पहले ही वे छोड़ देते हैं।" बेशक, इससे उनका अर्थ यह था कि अपने आप को कम आँकने के कारण अधिकांश लोग काम शुरू ही नहीं करते, जिसे वे शुरू कर देते और आगे बढ़ते जाते तो आसानी से पूरा कर सकते थे।

श्री एडिसन ने कहा, "अपने आविष्कार से जुड़े किसी भी काम में मुझे पहले ही प्रयास में कभी किसी समस्या का हल नहीं मिला, सिवाय तब के, जब मैंने बात करनेवाली मशीन का आविष्कार किया था। सबसे हैरान करनेवाली बात तो यह है कि जब मैंने उसे ढूँढ़ लिया, जिसके लिए मैं प्रयासरत था तो अकसर मुझे पता चलता था कि उसका जवाब तो हमेशा से मेरे भीतर ही था; लेकिन निरंतर जुटे रहने और जीतने के इरादे के सिवाय किसी और चीज से उसका पता नहीं लगाया जा सकता था।"

आधुनिक टेलीफोन के आविष्कारक डॉ. अलेक्जेंडर ग्राहम बेल ने अपने आविष्कार को इन शब्दों में समझाया—

"सुनने में लाचार अपनी पत्नी के लिए सुनने की मशीन को बनाने के लिए साधनों की तलाश के दौरान मैंने लंबी दूरी तक बात करनेवाले टेलीफोन के सिद्धांत का आविष्कार किया। मैंने ठान लिया था कि चाहे पूरी जिंदगी लग जाए, लेकिन मैं सुननेवाले यंत्र का आविष्कार करके ही रहूँगा। अनेक असफलताओं के बाद आखिरकार, मैंने उस सिद्धांत को ढूँढ़ लिया, जिसकी खोज मैं कर रहा था और यह देखकर हैरान रह

गया कि वह कितना सरल था। मैं इससे भी हैरान तो तब हुआ, जब पता चला कि मैंने जिस सिद्धांत से परदा उठाया था, वह न केवल सुनने की मशीन को बनाने में सहायक था, बल्कि वह तार के माध्यम से आवाज को भेजने का साधन भी था।"

डॉ. ग्राहम बेल ने उन सभी पाँच सिद्धांतों का उपयोग किया, जिनके बारे में बताया गया है, भले ही उन्होंने ऐसा अनजाने में किया होगा। डॉ. ग्राहम बेल ने कहा, "एक और आविष्कार, जो मेरे काम के दौरान हुआ, वह यह था कि जब कोई व्यक्ति अपने दिमाग को कोई निश्चित काम करने का आदेश देता है तो ऐसा लगता है जैसे उसमें 'दूसरी दृष्टि' का प्रभाव देने जैसा कुछ होता है, जो उसे सामान्य समस्याओं को समझने के योग्य बनाता है। मैं नहीं जानता कि यह कैसी शक्ति होती है। मैं बस, इतना जानता हूँ कि यह होती है और यह तभी सामने आती है, जब कोई व्यक्ति उस मन:स्थिति में होता है, जिसमें वह स्पष्ट रूप से जानता है कि उसे क्या चाहिए और बिल्कुल उसे ही पाने के लिए प्रतिबद्ध रहता है, जो उसे चाहिए।"

जॉन वानामेकर, जो 'फिलाडेल्फिया के मर्चेंट किंग' थे, नियंत्रित ध्यान और इनमें से कुछ और सिद्धांतों का उपयोग व्यवसाय की समस्याओं को सुलझाने के लिए किया। ऐसी ही एक समस्या से निपटने की कहानी उन्होंने कुछ इस तरह बताई है—

श्री वानामेकर ने बताया, "मैं जब अपने व्यवसाय के शुरुआती दौर में था, तब अकसर मुझे पैसों की जरूरत रहती थी, जिसे मैं कभी असामान्य वाणिज्यिक या बैंकिंग चैनलों के माध्यम से प्राप्त नहीं कर पाता था। जब कभी ऐसी जरूरत आन पड़ती तो मैं एक आदत के तौर पर पार्क में चला जाता और वहाँ टहलने लगता तथा टहलते हुए अपनी समस्या का समाधान निकालने के नए-नए तरीकों पर विचार करता था।

एक बार मुझे बहुत बड़ी रकम की जरूरत थी, क्योंकि बिक्री बहुत कम हो रही थी और हमारे पास ऐसे सामानों का ढेर लग गया था, जिसे हम बेच नहीं पा रहे थे। मैंने ठान लिया कि जब तक मुझे अपनी समस्या का समाधान नहीं मिल जाता, तब तक मैं दुकान पर नहीं लौटूँगा। मैंने अपना दिमाग उस पर लगाए रखा और दूसरा घंटा बीतने से पहले मेरे दिमाग में एक आइडिया आया, जिसके बाद मैं सीधे दुकान पर लौटा और पंद्रह मिनट के भीतर जरूरत भर पैसा जुटा लिया। उस घटना का सबसे आश्चर्यजनक पहलू यह था कि मुझे वह आइडिया शुरुआत में आया ही नहीं था।"

नियंत्रित ध्यान और उसके साथ उद्देश्य की निश्चितता के मिल जाने से ऐसा योग बना कि उसने श्री वानामेकर को उस समस्या का समाधान सुझा दिया। उन्होंने जिन सिद्धांतों को लागू किया, उनमें संभवतः प्रयुक्त आस्था और कल्पना का भी एक हिस्सा था; लेकिन इन सिद्धांतों के बारे में उन्होंने कुछ भी नहीं कहा। हालाँकि उन्होंने इतना जरूर कहा कि "मुझे शक है कि ऐसी भी कोई चीज हो सकती है, जिसे किसी व्यक्ति की अनसुलझी समस्या कहा जा सकता है, जिसने उस समस्या का हल ढूँढ़ने के लिए अपने दिमाग को दृढ़ निश्चय के साथ लागू किया है।" यह इस बात को कहने के ही समान था कि वह व्यक्ति, जो कल्पना और आस्था का प्रयोग करना जानता है, उसके लिए अनसुलझी समस्या जैसी कोई चीज नहीं हो सकती।

बुद्धिमानी भरे एवं व्यवस्थित विचार से सारी रचनात्मक उपलब्धियों की शुरुआत होती है।

—नेपोलियन हिल

तीन दशक पहले डॉ. एल्मर आर. गेट्स जो एक वैज्ञानिक और आविष्कारक थे, ने मुझे बताया था कि वे नियंत्रित ध्यान का उपयोग किस प्रकार किया करते थे—

"शक्ति का एक छिपा हुआ स्रोत होता है," डॉ. गेट्स ने बताया, "जो ऐसे समय में किसी व्यक्ति की मदद के लिए सामने आता है, जब वह किसी निश्चित लक्ष्य पर अपना मन स्थिर कर लेता है और उसे पाने का प्रण कर लेता है। इसी तरीके से मैंने 200 से अधिक आविष्कारों के रहस्यों से परदा उठाया है, जिनमें से एक भी ऐसा नहीं था, जिसके विषय में मुझे अपनी खोज की शुरुआत में कोई जानकारी हो। मैं अपना ध्यान किसी समस्या पर स्थिर कर सकता हूँ और उसे तब तक स्थिर रख सकता हूँ, जब तक कि उसका हल हवा में तैरता हुआ मेरे दिमाग में न घुस जाए। सबसे बड़ी चुनौती इतनी इच्छा-शक्ति को बनाए रखने की होती है, जिससे मेरा दिमाग किसी एक उद्देश्य पर लंबे समय तक टिका रहे, ताकि मैं अपने अंदर के उस रहस्यमय स्रोत का लाभ उठा सकूँ, जो समाधान को सुझाती है।"

चलिए, अब जरा अमेरिका के पूर्व राष्ट्रपति वुडरो विल्सन ने जो कहा था, उसे भी जान लेते हैं, जिनका सलाहकार बनने का सौभाग्य मुझे मिला था—

श्री वुडरो विल्सन ने कहा था, "वर्ष 1918 में जब जर्मन सैन्य अधिकारियों ने लिखित में युद्ध-विराम का आग्रह किया तो उसने मेरे राष्ट्रपतित्व के लिए एक बहुत बड़ी समस्या खड़ी कर दी। मैं जानता था कि मुझे निर्णय लेना होगा और उसका प्रभाव हजारों लोगों के जीवन पर पड़ेगा। मैंने कुछ देर के लिए उस दस्तावेज को किनारे रखा, अपनी आँखों को बंद किया और दृढ़ संकल्प के साथ उस स्रोत से दिशा-निर्देश माँगा, जो मेरी सोच-समझ से अधिक शक्तिशाली था। जल्दी ही मैंने

उस दस्तावेज को उठाया और व्हाइट हाउस के बरामदे में आ गया। अपनी आँखों को मूँदे मैं वहीं खड़ा रहा। दस्तावेज को कसकर पकड़े हुए मैंने दैवी शक्ति से निर्देश माँगा। कुछ ही देर में उसका जवाब आ गया। उसकी आवाज इतनी स्पष्ट थी कि मैं तुरंत अपने अध्ययन कक्ष में लौटा और शॉर्ट हैंड में जर्मनों को जवाब लिख दिया। आगे आनेवाली घटनाओं ने साबित किया कि मैंने सही फैसला किया था, क्योंकि उसके कुछ ही समय बाद जर्मनी के कैसर को अपदस्थ कर दिया गया और उसे निर्वासन में भेज दिया गया।"

वह विचित्र शक्ति क्या थी, जिस पर भरोसा करते हुए युद्धरत राष्ट्रपति ने अपना जवाब लिखा? उन्होंने उसके बारे में कुछ भी नहीं बताया। कोई भी केवल अटकल ही लगा सकता है कि उनका क्या मानना था; लेकिन एक बात ऐसी है, जिस पर कोई शक नहीं किया जा सकता। उन्होंने अपने दिमाग को आस्था और कल्पना के साथ एक विकट समस्या का समाधान सुझाने के लिए विवश किया और उसने अपेक्षित परिणाम दे दिए। **उनका वह अनुभव सबसे गहरी प्रकृति का नियंत्रित ध्यान था।**

जहाँ तक इस सिद्धांत की बात है तो **नियंत्रित ध्यान** का उद्देश्य दिमाग के सभी विभागों को साथ लाना और उनकी एकजुट शक्ति का उपयोग किसी निश्चित उद्देश्य के लिए करना है। नियंत्रित ध्यान का यही महत्त्व है। अपेक्षित परिणाम प्राप्त करने में यह अकसर सफलता के अन्य सिद्धांतों के साथ मिलकर काम करता है।

□

वह व्यक्ति, जिसका जीवन में एक निश्चित मुख्य उद्‌देश्य होता है और एक निश्चित योजना के साथ वह उसे पूरा करना चाहता है तो उसने सफलता तक के सफर का दस में से नौवाँ हिस्सा पहले ही तय कर लिया है।

—नेपोलियन हिल

समय का बँटवारा

आलस्य आपसे अवसर को छीन लेता है। यह तथ्य महत्त्वपूर्ण है कि महानता प्राप्त करने की दिशा में किसी भी महान् नेता ने कभी आलस्य नहीं किया।

यदि अपनी अभिलाषा से प्रेरित होकर आप कार्य में जुट जाते हैं और आपने निर्णय कर लिया कि आप आगे बढ़ेंगे तथा वह कभी आपको उसमें डगमगाने या पीठ दिखाने नहीं देती तो आप किस्मतवाले हैं।

सेकंड-दर-सेकंड, जैसे-जैसे घड़ी टिक-टिक करती हुई अपनी दूरी तय करती जाती है, समय दौड़ में आपको टक्कर दे रहा होता है।

देरी का मतलब है हार; क्योंकि आज तक कोई ऐसा नहीं हुआ, जो समय के बरबाद हुए एक सेकंड की भी भरपाई कर पाया हो।

समय बड़ा बलवान् होता है, जो असफलताओं व निराशा के जख्मों को भर देता है और सारी गलतियों को सही करने के साथ ही चूक को पूँजी में बदल देता है; लेकिन यह केवल उन्हीं का साथ देता है, जो आलस्य नहीं करते और जब निर्णय लेना होता है तो सक्रिय रहते हैं।

समय एक बहुत बड़ी बिसात है। आपके सामने का खिलाड़ी कोई और नहीं, बल्कि समय होता है।

यदि आप हिचके तो बिसात से मिटा दिए जाएँगे।

यदि आप हिसाब लगाने बैठें कि एक दिन में आपने कितना समय बरबाद किया तो आप हैरान रह जाएँगे।

समय और मानवीय संबंध जीवन की दो सबसे महत्त्वपूर्ण सच्चाई हैं!

सफल होनेवाले व्यक्ति को इन दोनों को अच्छी तरह सँभालना और फिर इनका उपयोग करना पड़ता है। वह व्यक्ति, जो अपने समय का सदुपयोग अच्छी तरह करता है और दूसरों के साथ अच्छे संबंध बनाकर रखता है तो वह जो चाहे, हासिल कर सकता है, बशर्ते उसे मालूम हो कि वह क्या चाहता है और उसके प्रति उसका संकल्प दृढ़ होना चाहिए।

समय की अनिश्चितता के संबंध में एक बात ऐसी है, जो अति-प्रेरणादायी है; क्योंकि समय एक ऐसी चीज है, जिसे खरीदा नहीं जा सकता और मात्र जीने के लिए उसे लंबा नहीं किया जा सकता। फिर भी, समय एक ऐसी चीज है, जिसे अधिकांश लोग लापरवाही से नष्ट करते हैं। वे इसे या तो आलस्य में या फिर निरर्थक प्रयासों में गँवा देते हैं, जैसे यह कभी समाप्त नहीं होगा; जबकि जीवन बीमा के एक सेल्समैन ने कितना सही कहा था कि किसी भी समय कोई व्यक्ति मात्र एक सेकंड के लिए बता सकता है कि वह अपने जीवन को लेकर निश्चित है। अगले पल क्या होगा, यह कोई नहीं जानता।

स्व. डॉ. एल्मर आर. गेट्स समय की कीमत को लेकर इतना सचेत रहते थे कि सोने से पहले ही वे काम की योजना बना लेते थे और सोने जाने से पहले अपने अवचेतन मन को निर्देश दे दिया करते थे। उनकी योजना इतनी सफल थी कि अकसर अपने अवचेतन मन की क्रिया से वे नींद के बीच जाग उठते थे, जो उन्हें उस समस्या का समाधान सुझा देता था, जिसका हल निकालने का काम उन्होंने सोने से पहले उसे सौंपा था।

डॉ. गेट्स ने कहा कि उन्हें सोते समय अपने अवचेतन मन को कार्य करते रहने के लिए प्रेरित करने की बात तब सूझी, जब उन्होंने उसे किसी अलार्म घड़ी की तरह अपनी इच्छा के अनुसार नींद से किसी भी निश्चित समय पर जगाने की जिम्मेदारी सौंपी। उनका सोचना था कि यदि वह अपने अवचेतन मन को किसी निश्चित समय पर नींद से जगाने जैसी इतनी छोटी सी बात करने को कह सकते हैं तो उसे और भी महत्त्वपूर्ण मामलों की जिम्मेदारी सौंपी जा सकती है; और उनका यह सोच सही साबित हुआ।

'खाली समय' का उपयोग। खाली समय की परिभाषा दें तो यह समय का वह हिस्सा होता है, जिसकी आवश्यकता किसी के व्यवसाय संबंधी कार्य को आगे बढ़ाने के लिए नहीं होती और वह अभिरुचि के अन्य कार्यों, जैसे मनोरंजन करने एवं आनंद मनाने या तैयारी के साथ ही योजना बनाने के प्रति समर्पित होता है। कोई अपने खाली समय का उपयोग कैसे करता है, यदि इसका विशुद्ध विश्लेषण किया जाए तो किसी का भविष्य पहले ही बताया जा सकता है। जो लोग ज्यादा सफल होते हैं, उन्होंने यह पाया है कि उन्हें सबसे बड़े अवसर तब मिले, जब अपने खाली समय में उन्होंने मन को सोचने के लिए स्वतंत्र छोड़ दिया; क्योंकि यही वह समय होता है, जब कोई ध्यान लगाना और अपने भीतर की गुप्त शक्ति के साथ एक होना सीखता है।

वैध कार्यों के लिए हमेशा पर्याप्त पूँजी उपलब्ध रहती है; लेकिन गरीबी की चेतनावाले व्यक्ति को किसी भी कार्य के लिए इसका एक भी पैसा नहीं मिल सकता। पूँजी की ऐसी अजीब आदत होती है कि वह उन लोगों के हाथों तक पहुँच ही जाती है, जो सफल होते हैं और वे जहाँ भी जाते हैं, अपने साथ सफलता का माहौल लेकर चलते हैं।

—नेपोलियन हिल

फुरसत का समय उस व्यक्ति के लिए अपने आप को आगे ले जाने का समय हो सकता है, जो दूसरों के लिए काम करता है; क्योंकि फुरसत के इन्हीं पलों में कोई अपने आप को अध्ययन की सहायता से बड़ी जिम्मेदारी के लिए तैयार कर सकता है।

एंड्रयू कार्नेगी ने कहा था कि जब वह वैतनिक कर्मचारी थे, तब उन्हें एक बार फिर प्रमोशन नहीं मिला। उन्हें कभी पता नहीं चला कि अपने खाली समय का इस्तेमाल उन्होंने किस तरह किया; कुछ ऐसा किया हो, जिसके लिए उन्हें वेतन न मिलता हो। इस सिद्धांत को व्यवस्थित करने में जिन 500 या उससे अधिक लोगों ने सहायता की, उनमें से हर एक ने कुल मिलाकर यही बात कही।

समय बरबाद करने की बड़ी 'कीमत' चुकानी पड़ती है, फिर भी लोग ऐसा करते हैं; लेकिन 'कीमत' शब्द कहीं से भी वह शब्द नहीं, जो समय बरबाद करने की सही व्याख्या कर सके। अपने खाली समय को लापरवाही से बरबाद करने की व्याख्या 'त्रासदी' कहीं अच्छी तरह कर सकती है, क्योंकि यह त्रासदी से कम नहीं होता।

यदि कोई अपने समय के किसी भी हिस्से को बरबाद करता है तो उसके लिए समझदारी इसी में है कि वह नींद लेने का अपना समय बरबाद करे, न कि लापरवाही से या खाली बैठे अपने खाली समय को बरबाद करे; क्योंकि यह भले ही असत्य-सा लगे, लेकिन किसी व्यक्ति का खाली समय उसका व्यस्ततम समय होना चाहिए।

निठल्ले बैठनेवाला समय को इस तरह बरबाद करता है, जैसे वह कोई अनमोल धन न हो, जिसका उपयोग बुद्धिमानी से करना चाहिए, बल्कि यह बरबाद करने के लिए होता है। यह बरबादी बढ़ती जाती है, क्योंकि **अधिकांश लोगों में बजट प्रणाली जैसी कोई चीज नहीं होती, जिससे वे अपने समय का उपयोग करें** और यह इस वजह से

होता है, क्योंकि वे किसी मुद्दे पर निश्चितता के बिना एक के बाद दूसरे काम को करते जाते हैं।

समय की बरबादी सबसे बड़ा पाप है, जिसे इनसान एक-दूसरे के प्रति करते हैं। ओ हेनरी को इसका अहसास तब हुआ, जब उन्हें गबन के एक मामले में जेल की सजा सुनाई गई। जेल की अपनी कोठरी में बैठे-बैठे उनके दिमाग में यह बात आई कि उनकी कैद कोई बाधा नहीं, बल्कि एक ऐसा अवसर है, जो अनमोल है। सच कहें तो इसके कारण उन्हें जीवन में पहली बार अपने दिमाग का इस्तेमाल अपनी मरजी से जैसे चाहा, वैसे करने का अवसर मिला। उन्होंने अपने समय का उपयोग लघु कथाएँ लिखने के लिए किया, जिसके कारण वे न केवल जेल से बाहर आ सके, बल्कि ऐसा साहित्य तैयार हो गया, जिसकी बदौलत आनेवाली सदियों तक उनका नाम आदर के साथ लिया जाता रहा। ओ हेनरी ने अपना नाम अपने युग के सबसे सम्मानित साहित्यकारों में दर्ज कराया और यह सब समय के सदुपयोग से ही संभव हुआ।

एक बार एक जाने-माने मनोवैज्ञानिक ने कहा था, "आप जो कुछ भी दिन भर सोचते हैं, उसके बारे में मुझे बता दें तो मैं आपको एकदम ठीक-ठीक यह बता दूँगा कि आपका आनेवाला जीवन कैसा होगा।" यदि आप समय की बरबादी कर रहे हैं तो आपका जीवन में विफल होना निश्चित है। यह स्थिति तभी बदल सकती है, जब तक आप इसके एकदम उलट एक सख्त समय सारणी के अनुसार अपनी दिनचर्या को व्यवस्थित न कर लें। इससे यह होगा कि जब भी आपको समय मिलेगा, आप उसका नियंत्रण और उपयोग एक निश्चित लक्ष्य के लिए करेंगे।

मनुष्य के लिए सारे संबंधों में पारिवारिक संबंध सबसे महत्त्वपूर्ण होते हैं और इसकी सफलता के लिए शांति, सूझ-बूझ, सहानुभूति और सहयोग की जरूरत पड़ती है। परिवार का मुखिया तब तक अपने

निश्चित कार्य में सफल नहीं हो सकता, जब तक कि उसके मन में वैसी शांति नहीं है, जो घर में बने सौहार्द के माहौल से बनी रहती है। सौहार्द ध्यानपूर्वक योजना बनाने, आय एवं व्यय के बजट बनाने और परिवार के हर सदस्य के समय के बँटवारे से पैदा होता है।

जब कोई पुरुष और उसकी पत्नी एक निश्चित लक्ष्य को अपना साझा उद्‍देश्य बनाकर, आपस में मिल-जुलकर काम करते हैं तो उन्हें उन समस्याओं का समाधान निश्चित रूप से मिलेगा, जो उनके सामने आएँगी, फिर चाहे वे कितनी ही गंभीर समस्याएँ क्यों न हों।

अमेरिका में वैभवशाली जीवन का एक बड़ा स्रोत अमेरिकी घरों में ही होता है, क्योंकि यहीं वोट करने की ऐसी शक्ति रहती है, जिसके समर्थन से सरकार चलती है। यहीं अमेरिकी धन इकट्ठा होता है और उसका इस्तेमाल किया जाता है। यहीं अमेरिकी लोगों के चरित्र का निर्माण होता है। यहीं धर्म की जड़ें होती हैं। यहीं शिक्षा की बुनियाद होती है और हमें यह नहीं भूलना चाहिए कि यहीं बीमारी, दुःख, गरीबी और सभी प्रकार की निराशा भी छिपी रहती है।

यदि जीवन में आपका कोई
मुख्य उद्देश्य नहीं है तो शुरुआत से पहले ही
आपका काम तमाम है, चाहे आपने कितनी भी
शिक्षा क्यों न ग्रहण की हो।

—नेपोलियन हिल

अमेरिकीवाद अपने संपूर्ण संकेतों के साथ कुछ और नहीं, बल्कि अमेरिकी घरों में संबंधों का ही समग्र रूप है।

इसे याद रखिए और आप समझ जाएँगे कि क्यों घरेलू संबंध सारे मानवीय संबंधों में सबसे महत्त्वपूर्ण होते हैं। आप यह भी समझ जाएँगे कि क्यों आपके घर की व्यवस्था और उसका प्रबंधन एक निश्चित योजना के अनुसार होना चाहिए, ताकि उससे घर में सौहार्द और सहयोग का माहौल बने।

स्पष्ट रूप से यह प्रत्येक व्यक्ति का कर्तव्य है कि वह अपने घर को ठीक रखे और ऐसा करने से वह इनकार करता है या लापरवाही करता है तो उसे मन की शांति की उम्मीद नहीं करनी चाहिए, जो उसकी व्यक्तिगत सफलता के लिए जरूरी है। सौहार्द की शुरुआत घर से ही होनी चाहिए, सहयोग घर से ही शुरू होना चाहिए, व्यक्तिगत पहल की शुरुआत घर से होनी चाहिए, जीवन में उत्साह और रुचि का आरंभ घर से ही होना चाहिए, सहानुभूति और समझ घर से ही शुरू होनी चाहिए।

पारिवारिक संबंधों में लापरवाही का नतीजा तलाक की अदालतों, गरीबी और तंगी के रूप में सामने आता है, जो परिवार के हर सदस्य के मन की शांति को भंग कर देता है।

परिवार के प्रत्येक सदस्य को उस समूह की भलाई के लिए अपना धर्म निभाना चाहिए और परिवार को किसी भी अच्छी तरह चलाए जानेवाले कारोबारी निगम की तरह ही उद्‍देश्य की निश्चितता, सहयोग, सौहार्द, निष्ठा और उद्‍देश्य की एकता के साथ चलाना चाहिए। परिवार की परिषद् को अपने उद्‍देश्य के प्रति उसी प्रकार नियमित और निश्चित होना चाहिए, जैसे किसी व्यावसायिक संस्थान में बोर्ड के निदेशकों की बैठक के मामले में देखा जाता है।

वेतन के लिए काम करनेवाले स्त्री-पुरुष जितना समय बरबाद

करते हैं, उन सबको जोड़ दें तो अमेरिका में जितनी बड़ी औद्योगिक प्रणाली है, उसके दोगुना आकार की औद्योगिक व्यवस्था को खड़ा करने का साधन मिल जाएगा। यह प्रत्येक कामगार उतनी या उससे अधिक आय दिलाने के लिए भी पर्याप्त होगा, जितना अभी उसे अपनी ओर से दी जा रही सेवा के बदले मिल रहा है।

कामगार जितने तरीकों से समय बरबाद करते हैं, वे इतने अधिक हैं कि उनकी सूची तैयार करना भी मुश्किल है, फिर भी उनमें से कुछ इस प्रकार हैं—

सबसे पहले वे अपने प्रति, एक-दूसरे के प्रति और जो नौकरी देते हैं, उनके प्रति गलत सोच रखकर समय बरबाद करते हैं। इस प्रकार की अधिकांश गलत सोच का कारण होता है कि वे बिना कुछ किए ही कुछ पाना चाहते हैं। कम काम के बदले ज्यादा वेतन या किसी बेहतर काम को सँभाल पाने की तैयारी किए बिना ही उसकी इच्छा करना अथवा बेहतर नौकरियों के साथ जो पूरी जिम्मेदारी जुड़ी रहती है, उसे सँभालने की अनिच्छा।

अपनी नकारात्मक सोच के कारण वे घटिया किस्म का काम कर समय बरबाद करते हैं।

वे पर्याप्त काम न कर समय बरबाद करते हैं। अतिरिक्त परिश्रम करने की बजाय वे उतना भी काम नहीं करते, जिसके लिए उन्हें पैसे दिए जाते हैं। छोटी-छोटी बातों पर ईर्ष्या कर वे आपस में बेवजह झगड़ते हैं और अपना समय बरबाद करते हैं।

यदि आप वेतन के बदले काम करते हैं तो आपको यह सुनिश्चित करने के लिए अपने आप को करीब से देखना चाहिए कि काम करते समय आपकी सोच सकारात्मक रहे और जहाँ तक आपके काम की स्थितियाँ अनुमति दें, आपको निश्चित करना चाहिए

कि न केवल अपने काम की मात्रा, बल्कि गुणवत्ता की दृष्टि से भी आप अतिरिक्त परिश्रम की आदत को अपनाएँ और यह याद रखें कि आप काम में कितने घंटे लगाते हैं, यह आपकी कीमत तय करने का कोई पैमाना नहीं होता। आपके काम का मूल्य पूरी तरह से आपके किए गए काम की गुणवत्ता और मात्रा पर निर्भर करता है, साथ ही उस सोच पर भी, जो आप काम के दौरान रखते हैं। आप इन पर जिस हद तक नियंत्रण रखेंगे, उस हद तक किसी पद पर अपने वेतन और अपने काम को चुन सकेंगे।

समय का बँटवारा सफलता प्राप्त करने के लिए अनिवार्य है, चाहे इसे धन, प्रसन्नता या सौहार्द से ही क्यों न मापें। हम सभी ने इस कहावत को सुना है कि 'समय धन है' और मेरे अध्ययनों ने दिखाया है कि यह सच है।

बरबाद किए गए समय से व्यक्ति सफलता से हाथ धो लेता है।

□

टीम वर्क

सफलता या विफलता अकसर इस पर निर्भर करती है कि दूसरों के साथ आपके संबंध कैसे हैं; क्योंकि किसी को भी बड़ी सफलता और धन प्राप्त करने के योग्य बनाने के लिए पर्याप्त मात्रा में क्षमता तभी मिल सकती है, जब वह अपने और दूसरों के सहयोग को मिलाकर प्रयास करे। मैं इसे टीम वर्क कहता हूँ।

वैसे तो टीम वर्क का लाभ हर जगह मिलता है, लेकिन जिस जगह यह सबसे ज्यादा लाभ का सौदा होता है, उसमें पहला स्थान घर का आता है और लाभ उठानेवालों में केवल वही लोग नहीं होते, जो घर में रहते हैं, बल्कि देश को भी इसका लाभ मिलता है; क्योंकि एक सफल राष्ट्र कुछ और नहीं, बल्कि घरों का बड़ा समूह है, जो सफल घरेलू जीवन से बनता है।

घर में टीम वर्क की शुरुआत माता-पिता से, उनके आपसी संबंधों से ही होनी चाहिए। माता-पिता अपने बच्चों के सामने मित्रवत् सहयोग की भावना का उदाहरण प्रस्तुत करें।

परिवार के सदस्यों के बीच मित्रवत् सहयोग के लाभ इतने अधिक हैं कि यहाँ उन्हें विस्तार से गिनाना संभव नहीं है; लेकिन जो मुख्य लाभ हैं, उनमें मन की शांति व स्वावलंबन के साथ ही वह भावना शामिल है,

जिससे प्रत्येक सदस्य को परिवार की भलाई में एक बड़ा योगदान करने की आवश्यक प्रेरणा मिलती है।

सबसे अच्छी तरह चलाए जानेवाले परिवार ऐसे परिवार होते हैं, जिनमें अलग-अलग सदस्य अनुशासित होकर अपनी जिम्मेदारियाँ निभाते हैं और इसे मित्रवत् सहयोग की भावना के साथ करते हैं। **बच्चों को बलपूर्वक अनुशासित किया जा सकता है, लेकिन ऐसा करने से उन्हें आनंद का अनुभव नहीं कराया जा सकता**। यह एक ऐसी सच्चाई है, जो कोई भी वयस्क जानता है, जिसे अपना बचपन याद है और फिर ऐसा देखा गया है कि ऐसा कठोर अनुशासन, जिसे बलपूर्वक लागू किया जाता है, उसके कारण जितना बच्चों को लाभ नहीं मिलता, उससे अधिक तो वे बरबाद हो जाते हैं।

प्रसन्न व सफल परिवारों में आपसी प्रेम की जो भावना होती है, उसकी झलक परिवार के प्रत्येक सदस्य के व्यक्तित्व में मिल जाती है। परिवार में मित्रवत् सहयोग की यह भावना दिन में एक बार खुलकर दिखाई पड़ती है, जब वे खाना खाने के समय एक साथ इकट्ठा होते हैं। **यहाँ वे अपनी आध्यात्मिक तंदुरुस्ती के साथ ही शरीर की तंदुरुस्ती के लिए भी भोजन ग्रहण करते हैं।**

यह परिवार के बीच मित्रवत् चर्चा का वह पावन समय होता है (या होना चाहिए), जब परिवार के सभी सदस्य, जिसमें माता-पिता से लेकर ऊँची कुरसी पर बैठे शिशु को भी ग्रहण किए जा रहे भोजन के साथ अपने प्यार और आनंद को भी घोल देने की अनुमति मिलनी चाहिए। ऐसा भोजन तुरंत पच जाता है और बच्चों में सकारात्मक गुण विकसित होते हैं, जिसका लाभ उन्हें जीवन भर मिलता है, जब खाना खाते समय उन्हें सुख की अनुभूति होती है।

बच्चों का दिमाग प्लास्टिक की तरह लचीला और सभी प्रकार के

निर्देशों के प्रति अत्यधिक ग्रहणशील होता है। विशेष रूप से उन बच्चों का, जो अपने माता-पिता से प्रेरित रहते हैं। **बच्चे के सामने उसके माता-पिता का बोला गया एक-एक शब्द बच्चे के दिमाग पर स्थायी रूप से दर्ज हो जाता है,** यहाँ तक कि माता-पिता के चेहरे के भाव और जिस अंदाज में उन्होंने कहा है, उसका भी बच्चे पर निश्चित प्रभाव पड़ता है और यह प्रभाव जीवन भर उस पर बना रहता है।

माता-पिता आमतौर पर यह मान लेने की गलती करते हैं कि उन्होंने जिन बच्चों को पैदा किया, उन पर उनका स्वामित्व है और उन्हें अपनी किसी चल-अचल संपत्ति की तरह ही उनके साथ जैसा चाहें, वैसा व्यवहार करने मरजी हो तो किसी भी तरीके की सजा देने का अधिकार है। बच्चों पर माता-पिता का स्वामित्व नहीं होता। अधिक-से-अधिक माता-पिता कुछ समय के लिए उनकी देखभाल कर सकते हैं, जिन पर अपने बच्चों को उदाहरण प्रस्तुत करते हुए अच्छे चरित्र की मौलिक बातों की शिक्षा देने की जिम्मेदारी होती है। बच्चे नहीं कहते कि आप उन्हें इस संसार में लेकर आएँ। इसके लिए उनके माता-पिता पूरी तरह से जिम्मेदार होते हैं।

याद रखिए कि सच्चा लीडर न केवल अपने कर्मों की, बल्कि उन कार्यों की भी पूरी जिम्मेदारी लेता है, जो उसके अधीन रहनेवाले लोग करते हैं।

—नेपोलियन हिल

माता-पिता पर अपने बच्चों को वह सबकुछ देने की जिम्मेदारी होती है, जिससे वे अपना जीवन शांति और संतुष्टि के साथ जीने की तैयारी कर सकें, जिनमें एक अच्छी शिक्षा विशेष रूप से शामिल है।

सभी मानवीय संबंधों में एक गुण ऐसा है, जो उन संबंधों को स्थायी और प्रेमपूर्ण बनाता है। इसका सार केवल एक वाक्य में बताया जा सकता है—**दूसरों के अधिकारों का सम्मान या इसे एक शब्द में भी बताया जा सकता है—निस्स्वार्थता।**

किसी भी प्रकार का मानवीय संबंध तब तक स्थायी टीम वर्क में नहीं बदल सकता, जब तक कि टीम के सभी पक्ष इसे बनाए रखने में पूरे दिल से और उदारता से योगदान न करें।

यह सिद्धांत जितना एक परिवार पर लागू होता है, उतना ही किसी व्यावसायिक संगठन पर भी लागू होता है, जहाँ स्वाभाविक रूप से शोषण, छल, बेईमानी या अपने लाभ की इच्छा विफलता की ओर ले जाती है।

परिवार में टीम वर्क परिवार के सभी सदस्यों के सर्वाधिक लाभ का कारण बने, इसके लिए इसे सच्ची खेल-भावना के साथ आगे बढ़ाना चाहिए, जिसमें परिवार का कोई भी सदस्य किसी दूसरे सदस्य पर बलपूर्वक या जोर-जबरदस्ती से हावी होने की कोशिश न करे। किसी भी सदस्य को दूसरे सदस्य से डरना नहीं चाहिए और इन सबसे अधिक, माता-पिता की तरफ से भी किसी प्रकार का भय या अविश्वास नहीं दिखाया जाना चाहिए।

जो मानवीय संबंध भय और बल से बनता है, वह कभी लंबे समय तक नहीं चल सकता, न ही उसका कोई लाभ मिल सकता है। ऐसे

संबंधों में अगर कुछ मिलता है तो बस, उन लोगों का आक्रोश, घृणा और विद्रोह, जिन्हें दबाया जाता है।

भय और बल से एक व्यक्ति का दूसरे पर हावी होना दुनिया बनानेवाले को भी मंजूर नहीं होता, जिसका सबूत यही है कि प्रत्येक मनुष्य जीने के विशेषाधिकार के सिवाय अन्य सारी बातों से अधिक स्वतंत्रता और स्वच्छंदता चाहता है।

संसार की बनानेवाले ने सभी मनुष्यों को सबसे बड़ी ताकत दी है, जिससे कोई भी बिना आक्रोश झेले या चोट पहुँचाए ही दूसरे पर अपना प्रभाव जमा सकता है। हावी होने का यही सुरक्षित तरीका एकमात्र तरीका है, जिस पर स्थायी मानवीय संबंधों को बनाने के लिए निर्भर रहा जा सकता है।

इसे प्रेम कहते हैं, जो सबसे बड़ी मानवीय भावना है और इसे कई तरीके से लागू किया जा सकता है। इसका सबसे बड़ा रूप वह होता है, जिसकी अभिव्यक्ति किसी पुरुष और स्त्री के बीच देखने को मिलती है। सबसे बड़ा इस कारण, क्योंकि इस प्रकार का प्रेम (यदि यह सच्चा प्रेम है, न कि मात्र शरीर का आकर्षण) उस दैवी प्रेम को पाने का सबसे आसान तरीका है, जो सृष्टि के रचयिता और उनके बीच होता है, जो परमात्मा से प्रेम करते हैं।

फिर वह प्रेम भी होता है, जो माता गिता और उनके बच्चों के बीच होता है, बशर्ते उसमें भय और बल न घुस गया हो या लापरवाही और स्वार्थ से वह कमजोर न पड़ गया हो।

एक वह प्रेम भी होता है, जिसे दोस्ती कहते हैं, जो प्रेम और समझ की भावना से उन लोगों को जोड़ता है, जो किसी भी प्रकार के टीम वर्क में एक-दूसरे से बिना किसी स्वार्थ के जुड़ते हैं।

आमतौर पर सामान्य लोगों का पेशा सात दिनों में से छह दिन तक उन्हें व्यस्त रखता है। इस कारण उनके जीवन का एक बड़ा हिस्सा उसमें ही चला जाता है। कोई अपने पेशे से क्या हासिल करता है, यह इस पर निर्भर करता है कि वह कितना प्रयास करता है, जिसमें तीन बातों पर खास जोर रहता है—(1) दी गई सेवा की गुणवत्ता, (2) दी गई सेवा की मात्रा और (3) वह सोच, जिसके साथ सेवा दी गई है।

इन तीन बातों पर ध्यानपूर्वक विचार करने से ही कोई उन लोगों के सबसे अधिक सहयोग को लेकर निश्चिंत हो सकता है, जिनके साथ वह काम करता है। यदि कोई टीम वर्क की इन तीन जरूरी बातों को अनदेखा करता है या उनका पालन नहीं करता और उन्हें सही ढंग से लागू नहीं करता तो शिक्षा, अनुभव एवं व्यक्तिगत कौशल का कोई लाभ नहीं है।

कई लोग अपनी तरक्की को अपने हाथों असंभव बना लेते हैं, क्योंकि उनमें किसी दूसरे को अपना काम सिखाने का साहस नहीं होता और वे उसे अपने तक ही सीमित रखते हैं। नतीजा यह होता है कि जब उसके ऊपर का पद खाली होता है, तब वह उसे हासिल नहीं कर पाता; क्योंकि उसके मालिक को उसकी जगह लेनेवाला कोई नहीं मिलता।

—नेपोलियन हिल

चलिए, अब मनोवृत्ति के विषय का विश्लेषण करते हैं और देखते हैं कि वह कैसी होनी चाहिए, जिससे टीम वर्क की भावना विकसित हो। मोटे तौर पर बात करें तो तीन प्रकार की मनोवृत्ति होती है—पहली सकारात्मक, दूसरी स्वाभाविक या उदासीन, जैसा कि 'भटकने' वाले में दिखता है, जिसका जीवन में निश्चित उद्देश्य या कोई खास महत्त्वाकांक्षा नहीं होती। इस प्रकार की मनोवृत्ति न तो किसी को नाराज करती है, न खुश, क्योंकि वह जीवन में बस, भटकता रहता है। फिर तीसरी नकारात्मक होती है, जो उन व्यक्तियों में देखने को मिलती है, जो किसी के साथ नहीं चल सकते, यहाँ तक कि अपने साथ भी नहीं और अपना ज्यादातर समय ऐसी चीजों के बारे में सोचने पर लगाते हैं, जो उन्हें नहीं चाहिए और जिन्हें वे पसंद नहीं करते, उनकी आलोचना करते रहते हैं। कहने की जरूरत नहीं कि इस प्रकार के लोग कभी प्रेमपूर्ण टीम वर्क में शामिल नहीं होते और इसमें भी संदेह नहीं कि किसी चीज में सफल नहीं होते, क्योंकि अन्य लोग उनके साथ सहयोग नहीं करते।

मित्रवत् सहयोग पर आधारित सौहार्दपूर्ण संबंध से किसी को भी ऐसी शक्ति मिलती है, जिसे किसी दूसरे तरीके से प्राप्त नहीं किया जा सकता और **सौहार्द की शुरुआत उस व्यक्ति की सकारात्मक मनोवृत्ति से होती है, जो दूसरों से सहायता माँगता है।**

लोग हर जगह टीम के संबंध में शामिल रहते हैं—घर, चर्च, स्कूल, व्यवसाय, समुदाय, शहर, देश, राज्य, सेना, नौसेना, पेशेवर समुदाय, समाज और एक समग्र रूप में राष्ट्र के साथ। जो लोग दोस्ताना टीम वर्क की भावना को लेकर लापरवाही करते हैं या उसे स्वीकार नहीं करते, उन्हें कभी अमेरिकी जीवन-शैली का लाभ नहीं मिलता। बस, इधर-उधर से कुछ मिल जाता है, जिसे वे मौका मिलने पर छीन-झपट लेते हैं।

'पृथकतावादी'—वह व्यक्ति, जो किसी भी अवसर पर अपने आप

को उस छोटे अल्पसंख्यक समूह का हिस्सा बना लेता है और जीवन को सुखद तरीके से आगे बढ़ाने में अधिकांश लोगों के साथ सहयोग से इनकार कर देता है, अपने आप को निराशाजनक रूप से दकियानूसी सोचवाला व अलोकप्रिय पाता है और उसकी व्यक्तिगत स्थिति गर्त में चली जाती है।

मानव संबंधों में जहाँ कहीं विवाद होता है, उसका कारण लालच, अपने लाभ की इच्छा या अज्ञानता में देखा जा सकता है; क्योंकि प्रकृति के नियम में इनके लिए कोई स्थान नहीं है। प्रकृति के नियमों को अपनाने से सदैव सफलता मिलती है, जबकि उसके विपरीत ढलने में असफल होना इतना निश्चित हो जाता है कि इस निष्कर्ष पर पहुँचने के सिवाय कोई चारा नहीं रहता कि **बुद्धिमान वही होता है, जो प्रकृति की योजना के साथ खड़ा रहता है और उन योजनाओं में दूसरों के साथ प्रेमपूर्वक जुड़ जाता है।**

प्रकृति के नियमों को अपनाने पर आधारित इसी प्रकार की बुद्धिमानी से हर युग में कुशाग्र बुद्धि के लोग पैदा हुए, जिनके जरिए विज्ञान और प्रकृति के अधिक उपयोगी सिद्धांत दुनिया के सामने आए हैं। खगोल विज्ञान में कोपरनिकस, समुद्री यात्रा में कोलंबस, दर्शनशास्त्र में कोलंबस, आविष्कार में थॉमस एडिसन, संगीत में बीथोवेन, कला में माइकल एंजेलो, बेतार संचार में मारकोनी और वैमानिकी में राइट ब्रदर्स ने अपने दिमागों का इस्तेमाल करते हुए दुनिया के सामने अपने महान् परिणामों को प्रस्तुत किया।

किसी भी क्षेत्र में सफल होने के लिए टीम वर्क अनिवार्य है, चाहे वह पैसों का मामला हो अथवा परिवार की खुशी या समाज में उपलब्धि प्राप्त करना हो।

□

सुनहरा नियम

सुनहरे नियम को उस प्रत्येक व्यक्ति ने पहचाना और लागू किया है, जिसने सच्ची महानता प्राप्त की है। प्रत्येक महान् धर्मगुरु और हर एक सच्चे दार्शनिक ने इसके महत्त्व को समझा है।

ईसा मसीह ने इसका पता लगाया और सबसे सरल शब्दों में समझाया तथा अपने प्रसिद्ध प्रवचन में बताया, जब उन्होंने कहा, "तुम जैसे व्यवहार की अपेक्षा दूसरे लोगों से रखते हो, वैसा ही व्यवहार उनके साथ करो।"

सुनहरे नियम को लेकर कई उपदेश दिए गए हैं, लेकिन उनमें से कुछ ने ही इसके अर्थ की पूरी गहराई की व्याख्या की है, जिसका सार यह है—**दूसरों की निस्स्वार्थ सेवा में अपने आप को लीन कर लो और इस प्रकार अपने अंदर की उस शक्ति के मूल मंत्र को जानो, जो किसी को उसके सबसे बड़े लक्ष्यों एवं उद्देश्यों तक पहुँचने का मार्गदर्शन बिना किसी चूक के करता है।**

चलिए, अब उन स्त्री-पुरुषों के जीवन का विश्लेषण करते हैं, जिन्होंने इस सुनहरे नियम को लागू किया है, जिससे कि हम देख सकें कि किस भावना से और किस प्रकार से वे अपने आप को दूसरों के साथ जोड़ते हैं।

मैं इसकी शुरुआत एंड्रयू कार्नेगी से करूँगा, जिन्हें सफलता के विज्ञान को विकसित करने का श्रेय जाता है। अपने कॅरियर की शुरुआत में उन्होंने हृदय से विनम्रता की भावना को अपनाया और उसे जीवन भर बनाए रखा। गरीबी से अमीरी की ओर बढ़ने के दौरान उन्होंने इसे अपनी जिम्मेदारी का हिस्सा बनाया कि वे दूसरों को अपनी सफलता का साझीदार बनाएँ। यह ऐसी सुविधा थी, जिसका लाभ उनके सबसे छोटे कर्मचारी को भी मिलता था।

एंड्रयू कार्नेगी ने केवल अपनी भलाई के बारे में ही नहीं सोचा, बल्कि उसका भी हित देखा, जो अब तक जनमा भी नहीं था। वे सुनहरे नियम के मोल को जानते थे, क्योंकि उन्होंने इसे अपने जीवन का हिस्सा बनाकर अपने आप को अनुशासित किया था! इस कारण, उनका जो कद था, वह उतना ही महान् था, जितना कि यह संसार है और वह इस धरती के नागरिक भले ही बन गए हों, लेकिन उनका उत्साह बढ़ता जाता है। उच्च शिक्षा और किताबों को पढ़कर व्यक्तिगत सफलता और खुशी दिलाने में वह स्त्री-पुरुषों की प्रेरणा के स्रोत हैं।

सन् 1929 में थॉमस ए. एडिसन ने ऐसी सफलता प्राप्त की, जिसका इतिहास में कोई जोड़ नहीं है। वह ऐसी सफलता थी, जिसके सामने रोम के विजयी अभियानों का जुलूस भी मामूली लगता है। रोम की विजय धरती के एक छोटे से हिस्से तक सीमित थी; जबकि वह संसार, जिसने एडिसन का लोहा उनके आविष्कारों के कारण माना, उनमें इस धरती के सभी देश शामिल हैं।

व्यक्तिगत बुद्धिमत्ता को इतनी बड़ी पहचान इससे पहले कभी नहीं मिली थी; क्योंकि वह पहली स्वर्ण जयंती थी, जब दुनिया ने शांति की जीत का जश्न मनाया, जहाँ विजेता के जुलूस में बेड़ियों में जकड़े बंदी नहीं थे। जहाँ वैमनस्य, ईर्ष्या और घृणा का स्थान उस वैश्विक कृतज्ञता

ने लिया था, जिसे एक व्यक्ति के प्रति पूरी मानवता ने प्रकट किया, जिसकी प्रतिभा के कारण सूरज रात को भी चमकने लगा, जब उसकी संचित ऊर्जा जलनेवाले एक छोटे से बल्ब के रूप में सामने आई।

एडिसन के सचिव अल्फ्रेड ओ. टेट ने कहा, "इस स्वर्ण जयंती वर्ष में 21 अक्तूबर को पूरे देश को चकाचौंध करनेवाली सुनहरी रोशनी की बिखरती किरणें मिशिगन स्थित डियरबोर्न में उजाला कर रही थीं, जहाँ एडिसन के सम्मान में हेनरी फोर्ड ने एक जश्न का आयोजन किया था। वह आयोजन न केवल अपने भव्य होने के लिए जाना गया, बल्कि उस सादगी के लिए भी, जिसने उनके कॅरियर के इतिहास में कुछ महत्त्वपूर्ण घटनाओं को जन्म दिया, जिसने सही मायने में लोगों को फिर से जीने के काबिल बनाया।

उस दिन शाम के 7 बजे फिलाडेल्फिया में इंडिपेंडेंस हॉल से मिलते-जुलते स्तंभोंवाले कमरों में अमेरिका के विभिन्न क्षेत्रों के सबसे जाने-माने लोग उस भोज के मेहमान के रूप में एडिसन को सम्मानित करने के लिए इकट्ठा हुए। पहली बार इतने विख्यात लोग एक साथ एक ही छत के नीचे जुटे थे।

आपके पास उस विश्वास से बड़ी पूँजी नहीं हो सकती, जिसे लोग आप पर रखते हैं। अपने शब्दों से पलटकर या उन्हें अस्वीकार कर इसे बिखरने मत दीजिए। आपने जब किसी काम को करने की बात स्वीकार कर ली है तो उसे कीजिए; इस कारण नहीं कि आपको करना ही है, बल्कि इस कारण, क्योंकि इससे आपकी प्रतिष्ठा बढ़ेगी और एक नया विश्वास बनेगा।

—नेपोलियन हिल

"एडिसन को सम्मानित करनेवाला संबोधन अमेरिका के राष्ट्रपति ने दिया था। एडिसन जब उनका धन्यवाद देने के लिए खड़े हुए तो बेहद भावुक हो गए, जिसे वहाँ मौजूद सभी लोगों ने महसूस किया और वास्तव में उनके पास शब्द नहीं थे। पहली बार इस प्रकार के अवसर पर उन्होंने अपनी बात रखने का प्रयास किया था। इसके बाद फिर कभी वे ऐसे कार्यक्रम में नहीं दिखे।"

यह था हृदय से विनम्र होने का सर्वश्रेष्ठ प्रदर्शन और यह ऐसा प्रमाण था कि जब कोई व्यक्ति दूसरों के हित में अपने आप को सेवा के प्रति समर्पित कर देता है तो जो लोग उसे जानते हैं, वे उसे पहचान लेंगे और उसकी पर्याप्त प्रशंसा करेंगे।

एडिसन शायद ही कभी अपनी उपलब्धियों को लेकर किसी से बात करते थे। उनका मूल मंत्र था, 'बोलो मत, काम करो।' एक बार उन्होंने मुझसे कहा था कि अपने बारे में बात करना समय की बरबादी है।

अपने काम में वे इतने खो जाते थे कि उनके पास अपने बारे में सोचने की फुरसत ही नहीं रहती थी। उन्होंने स्वीकार किया कि **अपने जीवन में कभी भी उन्होंने यह नहीं सोचा कि अपने परिश्रम के बदले उन्हें क्या मिलेगा। उनकी सबसे बड़ी चिंता यही रहती थी कि वे क्या दे पाएँगे?** उनका संपूर्ण जीवन दूसरों के लिए एक उपहार था, जिसमें कभी यह विचार नहीं आया कि उसके बदले उन्हें क्या मिलेगा?

लगभग 2,000 वर्षों से यह दुनिया सुनहरे नियम पर चर्चा कर रही है और इसके विषय में हजारों उपदेश दिए जा चुके हैं; लेकिन कुछ ही लोग यह जान सके कि इसकी शक्ति इसे लागू करने में है, न कि महज यह विश्वास करने में कि यह सच्चा है।

अब मैं सुनहरे नियम के कुछ बड़े लाभों को समझाना चाहूँगा।

चूँकि सभी मानवीय संबंधों में मंशा का काफी महत्त्व होता है, इसलिए इसकी एक सूची बना लेते हैं कि सुनहरे नियम को लागू करने से किसी को क्या-क्या लाभ मिल सकते हैं और यह पता लगाते हैं कि ऐसी कितनी मौलिक मंशाएँ हैं, जिनके आधार पर कोई मानव संबंध के इस नियम को लागू करने का कार्य करता है, जैसे—

1. **प्रेम की मंशा**—यह सबसे बड़ी भावना है, जो सुनहरे नियम की भावना पर आधारित होती है, जिसके कारण कोई स्वार्थ, लालच और ईर्ष्या को छोड़कर दूसरों के साथ इस भावना से जुड़ने के लिए प्रेरित होता है कि यदि वह उनकी जगह होता तो क्या करता? सुनहरे नियम के दर्शन की सहायता से प्रेम की जिस मंशा को अभिव्यक्त किया जाता है, वह किसी को सदियों पुरानी 'अपने पड़ोसियों से उसी तरह प्रेम करो, जितना तुम खुद से करते हो' की सीख को लागू करने के योग्य बनाती है। इससे कोई यह समझ पाता है कि पूरा मानव समाज एक है, जिसके कारण यह स्वाभाविक हो जाता है कि **यदि कोई अपने पड़ोसियों को नुकसान पहुँचाता है तो स्वयं उसे भी नुकसान होता है।** इस कारण, भाईचारे की सच्ची भावना के प्रदर्शन के लिए हमें सभी मानवीय संबंधों में सुनहरे नियम को लागू करना चाहिए। यही इस गहरे नियम को लागू करने की सबसे बड़ी मंशा है।

2. **लाभ की मंशा**—यह एक अच्छी और सर्वत्र देखी जानेवाली मंशा है, लेकिन अकसर इसकी अभिव्यक्ति स्वार्थ की भावना के साथ होती है। हालाँकि सुनहरे नियम को लागू करने से प्राप्त वित्तीय लाभ अधिक दीर्घकालिक होते हैं। उनके साथ-साथ उन लोगों की अच्छाई भी शामिल रहती है, जिनसे लाभ प्राप्त

किया गया है। इस प्रकार के लाभ के साथ किसी भी प्रकार की दुर्भावना या शत्रुता नहीं होती, न ही लाभ प्राप्त करनेवाले के प्रति ईर्ष्या होती है। यह अपने साथ-साथ अन्य लोगों के सहर्ष सहयोग को लेकर आता है, जिसे अन्य किसी भी प्रकार से प्राप्त नहीं किया जा सकता।

3. **आत्म-रक्षा की मंशा**—आत्म-रक्षा की मंशा हम सभी में जन्मजात होती है। इस लक्ष्य को सबसे अच्छी तरह वे लोग प्राप्त कर सकते हैं, जिन्होंने इसके लिए अपने प्रयासों के साथ दूसरों की भी मदद की है। जब 'जियो और जीने दो' के नियम को लागू किया जाता है तो दूसरे लोगों का रुख भी वैसा ही होता है। **इस प्रकार, यह सुनहरा नियम दूसरे लोगों के मित्रवत् सहयोग से आत्म-रक्षा प्राप्त करने का पक्का तरीका बन जाता है।**

4. **शरीर और मन की स्वतंत्रता की इच्छा की मंशा**—उस व्यक्ति का शरीर या मन तब तक स्वतंत्र नहीं हो सकता, जब तक कि उसके पड़ोसियों को भी वैसी ही स्वतंत्रता न मिले। एक सामान्य संबंध होता है, जिसका प्रभाव सभी लोगों पर पड़ता है और जो व्यक्ति अपने लाभ के हिस्से से अधिक लेना चाहता है या जो अपने हिस्से के नुकसान से बचना चाहता है, उसे केवल उतना ही मिलता है, जो उचित होता है। **वह व्यक्ति शरीर और मन की स्वतंत्रता को जल्द-से-जल्द प्राप्त कर लेता है, जो दूसरे लोगों को वैसी ही स्वतंत्रता दिलाने में सहायता करता है।** जो भी स्वतंत्रता का लाभ उठाना चाहता है, उसे यह तय करना चाहिए कि यह उसके पड़ोसियों और सहयोगियों को समान रूप से मिले।

यदि आप जानना चाहते हैं कि अपने साथी मनुष्यों के साथ आपका व्यवहार कितना उचित और न्यायपूर्ण है तो जैसी स्थिति आप दूसरों के लिए पैदा करने वाले हैं, उसमें उनकी जगह आप खुद को रखकर देखें। यदि दूसरे व्यक्ति के लिए आपने जैसी स्थिति पैदा की है,
उसमें आप खुद को देखकर खुश नहीं होते तो आप मान लीजिए कि उसके साथ आपका लेन-देन न्याय पर आधारित नहीं है।

—नेपोलियन हिल

5. **सत्ता और शोहरत की इच्छा की मंशा**—शोहरत एक ऐसी चीज है, जो केवल दूसरों की सहमति से ही मिलती है। यह कुछ ऐसी होती है, जो किसी के अपने दिमाग के बाहर होती है। यही कारण है कि यह किसी के नियंत्रण में नहीं होती, बशर्ते दूसरे इसकी इजाजत न दें। सत्ता भी ऐसी चीज है, जो केवल दूसरों के सहयोग से मिलती है। इस प्रकार, **सत्ता और शोहरत, जिसकी इच्छा करना मनुष्य की मौलिक मंशाओं में से एक है, दोनों ही ऐसी स्थितियाँ हैं, जिन्हें सुनहरे नियम को लागू कर दूसरों के मित्रवत् सहयोग से ही प्राप्त किया जा सकता है।**

रोटरी क्लब के 'उत्तम सेवा सर्वोत्तम लाभ' के नारे से किसी को भी लाभ हो सकता है। कोई 'उत्तम सेवा' तब तक नहीं दे सकता, जब तक कि वह प्रत्येक प्रकार के संबंध में अपने आप को उनकी जगह पर रखकर नहीं देखता, जिनकी वह सेवा करता है। किसी को भी तब तक सत्ता और शोहरत नहीं मिल सकती, जब तक कि वह उसी अनुपात में दूसरों को लाभ नहीं पहुँचाता, जिस अनुपात में स्वयं उसे लाभ मिल रहा होता है। यही कारण है कि **किसी को भी सुनहरे नियम का उपदेश देने के साथ ही उसकी अच्छाई को प्रयोग में भी लाना चाहिए। यह एक ऐसी आदत है, जिसमें मात्र विश्वास ही काफी नहीं, बल्कि लाभ के लिए इसका प्रयोग भी जरूरी है।**

□

शिक्षित व्यक्ति वह होता है, जो दूसरों के
अधिकारों का हनन किए बिना अपनी इच्छा की
सभी चीजों को प्राप्त करना जानता है।

—नेपोलियन हिल

आकर्षण की शक्ति

भय अधिकांश लोगों के जीवन में नकारात्मकता का कारण होता है। भय ही सभी नकारात्मक भावनाओं को जन्म देता है और उसके अंडे उसके आसपास समूह में पाए जाते हैं। भय ही चिंता, आत्मविश्वास की कमी, संकोच, दुविधा, कायरता, अवसाद और नकारात्मकता के अन्य सभी अहसासों एवं भावनाओं को जन्म देता है। भय न हो तो इनमें से कोई भी छोटी-से-छोटी भावना या अहसास का अस्तित्व नहीं होगा। दिमागी भूत-पिशाचों के इस कुनबे के माता-पिता को मारकर आप नकारात्मक विचारों की आनेवाली पीढ़ियों से बच सकते हैं और इस प्रकार, अपनी मनोवृत्ति के बाग को कीड़ों व शरारती तत्त्वों से मुक्त रख सकते हैं।

मनुष्य के उपयोगी प्रयासों, अच्छे कार्यों और अच्छी तरह बनाई गई योजनाओं को तहस-नहस करने में जितना बड़ा हाथ भय और उससे पैदा होनेवाली भावनाओं का होता है, उतना किसी अन्य का नहीं होता। यह अपनी प्रजाति का सबसे बड़ा दुष्ट होता है। इसने हजारों लोगों की जिंदगियाँ बरबाद की हैं। इसने स्त्रियों व पुरुषों के अच्छी तरह फलते-फूलते जीवन को कुचल दिया है और सशक्त, आत्मनिर्भर, अच्छे कार्यों को करनेवाले साहसी इनसानों की बजाय उन्हें नकारात्मक बना दिया।

चिंता भय की सबसे बड़ी संतान है। यह किसी के मन में बैठ जाता है और वहाँ मौजूद सारी अच्छी-अच्छी चीजों को घेरकर भगा देता है। जिस प्रकार कोयल गौरैया के घोंसले में घुसकर उसे भगा देती है, उसी प्रकार यह भी मन में बसनेवाली अच्छी-अच्छी बातों को उनके घर से निकाल देता है। कुछ ही समय में भय रूपी माता के अंडे से चिंता फूटकर निकलती है और उत्पात मचाने लगती है। 'मैं कर सकता हूँ और करूँगी' के सकारात्मक व सुखद विचारों के स्थान पर चिंता कर्कश ध्वनि में कूकना शुरू कर देती है—'मान लो', 'अगर ऐसा हुआ तो', 'लेकिन', 'मुझसे नहीं होगा', 'मेरी तो किस्मत ही खराब है', 'कोई भी काम मुझसे ढंग से नहीं होता', 'मेरा हर काम बिगड़ जाता है' और यह सिलसिला तब तक जारी रहता है, जब तक तमाम छोटी-छोटी बातें खत्म नहीं हो जातीं। इनसे किसी का शरीर और अंदरूनी तौर पर मन भी बीमार हो जाता है। इससे किसी की भी तरक्की रुक जाती है और उसके आगे बढ़ने की राह में लगातार बाधा बनी रहती है।

भय और चिंता के विषय में सबसे बुरी बात यह है कि वे औसत आदमी की काफी ऊर्जा को नष्ट कर देती हैं, जिनके बदले उसे कुछ नहीं मिलता। आज तक किसी ने भी भय और चिंता से कुछ भी हासिल नहीं किया। सफलता और धन पाने की दिशा में किसी को भी भय और चिंता के कारण एक इंच भी आगे बढ़ने में सहायता नहीं मिली और आगे भी नहीं मिलेगी; क्योंकि उनकी प्रवृत्ति ही तरक्की को रोकने की होती है, न कि उसे जारी रहने देने की। हम जिन चीजों को लेकर डरते और घबराते रहते हैं, उनमें से ज्यादातर बातें तो कभी होती ही नहीं हैं और जो थोड़ी-बहुत होती भी हैं, वे उतनी बुरी नहीं होतीं, जितना भयभीत करनेवाला हम उन्हें समझ रहे थे। हम आज की चिंता, समस्या और परेशानी को लेकर उतना नहीं डरते और घबराते, बल्कि उन समस्याओं से डरते रहते हैं, जो

भविष्य में कभी आ सकती हैं। ऐसी मुश्किलें, जो कल, परसों और तरसों आती हैं, उनके आने पर हम उनके कष्ट को उठाने का तरीका आमतौर पर ढूँढ़ ही लेते हैं। चिंता उस वास्तविक समस्या से ज्यादा बुरी होती है।

हम इन काल्पनिक 'शायद' भविष्य में आ जानेवाली समस्याओं पर जितनी ऊर्जा, जितनी मेहनत, गतिविधि और विचारों को खर्च करते हैं, यदि उन्हें सही दिशा में ले जाएँ तो हम हर दिन सामने आनेवाली समस्याओं को उनके आते ही काबू में कर समाप्त कर सकते हैं। प्रकृति हम में से प्रत्येक को शक्ति और ऊर्जा का एक भंडार देती है, जिसकी सहायता से हम किसी भी दिन अचानक आनेवाली समस्याओं और परेशानियों से लड़ सकते हैं; लेकिन हम बेचारे भोले-भाले लोग शक्ति के इस भंडार को उन समस्याओं से लड़ने में बरबाद कर देते हैं, जिनकी अगले हफ्ते या अगले साल आने की कल्पना करते रहते हैं, जिनमें से अधिकांश वास्तव में कभी सामने नहीं आती हैं, फिर जब सही मायने में समस्याएँ आती हैं और हमें उनका मुकाबला करना पड़ता है तो देखते हैं कि हम शक्ति और ऊर्जा के मामले में कंगाल हैं और हमें या तो हार का मुँह देखना पड़ता है या फिर पीठ दिखाकर भागना पड़ता है।

दोस्तो, मैं आपसे कहता हूँ कि अगर आप भय के इस राक्षस का वध करने का रहस्य जान गए और समस्या खड़ी करनेवाले उस घिनौने अंडे-बच्चों जैसी भावनाओं को समूल नष्ट करना सीख गए तो जिंदगी आपको अलग ही नजर आने लगेगी। आपको लगने लगेगा कि जीना आखिर किसे कहते हैं। आप जान लेंगे कि दिमागी कीड़े निकल जाने के बाद किस प्रकार अच्छे विचार, भावनाएँ, अहसास और आकांक्षा फलने-फूलने लगती हैं।

आप पाएँगे कि भय को परास्त करने के बाद दूसरों को आपके विषय में आपकी अक्षमता, आत्मविश्वास की कमी और ऐसा कोई भी

संकेत मिलना बंद हो जाएगा, जिनसे आपके प्रयासों को धक्का पहुँच सकता है। जब आपके मन से भय निकल जाएगा तो आप में उम्मीद और आत्मविश्वास के साथ ही योग्यता की ऐसी चमक दिखाई देगी, जिससे वे तमाम लोग आपसे प्रभावित हो जाएँगे, जिनसे आपका संपर्क होगा।

किसी बच्चे पर उसके माता-पिता इकलौती मेहरबानी यही कर सकते हैं कि वे बच्चे को अपनी मदद खुद करने दें।

—नेपोलियन हिल

आप यह भी पाएँगे कि भय के मिट जाने से आपकी मनोवृत्ति कमाल की हो गई है और आकर्षण के नियम के साथ वह अच्छी तरह काम कर रही है। किसी को जब किसी बात का डर सताता है तो वह उसे अपनी तरफ खींचता है, मानो वह ऐसा ही चाहता था। इसका कारण यह है कि जब कोई किसी चीज की कामना करता है या उससे डरता है (दोनों पर एक ही सिद्धांत लागू होता है) तो उसके दिमाग में उसकी एक छवि बन जाती है और मन की उस छवि को वास्तविकता में बदल डालने की एक प्रवृत्ति पैदा हो जाती है। उसने अपने दिमाग में बनी उस छवि को लंबे समय तक बनाए रखा तो वह उन्हीं चीजों या परिस्थितियों को आकर्षित करता है और इस प्रकार 'विचार कर्म और उसके वास्तविक रूप का कारण बन जाता है।' सौभाग्य से, हमारे अधिकांश भय और चिंताएँ छोटी-छोटी बातों को लेकर होती हैं, जो कुछ पलों तक रहती हैं और फिर समाप्त हो जाती हैं। वे ऊर्जा की बहुत बड़ी बरबादी करती हैं; लेकिन हम उनमें से किसी पर भी इतने लंबे समय तक ध्यान नहीं देते कि आकर्षण का नियम उन पर लागू हो जाए।

इस प्रकार, आपने देख लिया कि जब तक आप भय से मुक्त नहीं होते, तब तक यह उस चीज को आपकी तरफ खींचता रहेगा, जिससे आप डरते हैं या फिर आपको ही उसके करीब जाने पर मजबूर कर देगा। भय उस भयभीत करनेवाली चीज के चारों ओर ऐसी आग लगाता है कि आप किसी कीट-पतंगे की तरह उसके इर्द-गिर्द मँडराते हैं और फिर एक दिन उस आग में कूदकर अपने आप को राख कर लेते हैं। चाहे जैसे भी हो, भय को किसी भी तरह परास्त कीजिए।

आप पूछते हैं, 'आखिर इसे कैसे हराएँ?' बड़ा आसान है। यह रहा उसका तरीका। मान लीजिए, आप घुप्प अँधेरे कमरे में हैं। आप अँधेरे को बेलचे से खोदकर हटाएँगे या झाड़ू से साफ करेंगे या फिर खिड़की खोल

देंगे, ताकि रोशनी आ सके? जब रोशनी अंदर आएगी तो अँधेरा अपने आप दूर हो जाएगा। ऐसा ही भय के अँधेरे के साथ होता है—खिड़कियों को खोल दीजिए और धूप को अंदर आने दीजिए। विचारों, भावनाओं एवं साहस, आत्मविश्वास तथा निडरता के आदर्शों को अपने दिमाग में आने दीजिए और फिर देखिए, डर कैसे गायब हो जाता है। जब भी आपके मन में भय आए तो फौरन निडरता की दवाई ले लीजिए। अपने आप से कहिए, 'मैं निडर हूँ, मैं किसी से नहीं डरता, मैं साहसी हूँ।' धूप को अंदर आने दीजिए।

आपको एक ज्ञानी लेखक की बात याद है, 'व्यक्ति मन में जो सोचता है, वैसा ही व्यक्ति होता है।' इससे सच्ची बात आज तक नहीं कही गई है। इस कारण, क्योंकि प्रत्येक स्त्री या पुरुष वैसा ही होता है, जैसा वह सोचता या सोचती है। हम आज जो हैं, अपने विचारों के कारण हैं। जीवन में किसी का स्थान काफी हद तक उसकी मनोवृत्ति से तय होता है।

मनोवृत्ति किसी के विचारों, भावों, आदर्शों, भावनाओं और धारणाओं को मिलाकर बनती है। आप लगातार ऐसी मनोवृत्ति बनाते रहते हैं, जो न केवल आपके स्वभाव का निर्माण करती है, बल्कि उसका बाहरी दुनिया पर भी प्रभाव पड़ता है, जिसमें लोगों पर आपका प्रभाव तो पड़ता ही है, उसके साथ-ही-साथ आप अपने अंदर के गुणों के अनुसार ही उन चीजों को अपनी ओर आकर्षित करते हैं, जैसी आपकी मनोवृत्ति होती है तो क्या यह सबसे महत्त्वपूर्ण बात नहीं है कि इस प्रकार का निर्माण सबसे अच्छी सामग्री, सबसे अच्छी योजना और सबसे अच्छे साधनों के साथ किया जाए?

इस अध्याय का मूलमंत्र है—'सकारात्मक सोच से सफलता मिलती है।' आगे बढ़ने से पहले मैं 'सकारात्मक' और उसके विपरीत शब्द 'नकारात्मक' को परिभाषित करना चाहूँगा और फिर देखते हैं कि कैसे

पहला सफलता दिलाता है और दूसरा विफलता तक ले जाता है। मैं जिस अर्थ में इस शब्द का प्रयोग करता हूँ, उसमें 'सकारात्मक' का अर्थ होता है—आत्मविश्वास से भरी उम्मीद, आत्मविश्वास, साहस, पहल, ऊर्जा, आशावादिता; अच्छाई की उम्मीद, बुराई की नहीं; धन की, गरीबी की नहीं; अपने आप पर विश्वास। 'नकारात्मक' का अर्थ होता है—भय, चिंता, अप्रिय बातों की उम्मीद, आत्मविश्वास की कमी।

सकारात्मक मनोवृत्ति हमें ऐसा व्यक्ति बनाने की दिशा में ले जाती है, जहाँ हम 'परिवर्तित' होकर उन गुणों से भर जाते हैं, जो सफलता दिलाते हैं। कई लोग घूम-घूमकर यही दुखड़ा रोते हैं कि उनमें ज्ञान, गुण या उस मन:स्थिति की ऐसी कमी है कि वे सफलता प्राप्त करनेवाली बातों को समझ ही नहीं पाते। वे उन लोगों को देखते हैं, जिनमें वैसे गुण हैं, जिनके कारण वे अपने लक्ष्य की दिशा में तेजी से आगे बढ़ते हैं और उन्हें यह भी लगता है कि यदि उनके पास भी वैसे ही गुण होते तो वे भी वैसा ही मनचाहा परिणाम हासिल कर सकते थे।

यहाँ तक तो यह तर्क एकदम ठीक है, लेकिन वे इससे और आगे नहीं जाते। वे यहीं हार मान लेते हैं, क्योंकि वे सोचते हैं कि उनके पास इस समय आवश्यक गुण नहीं हैं, इसलिए वे जीवन में कभी उन्हें पाने की उम्मीद नहीं कर सकते। वे अपने दिमाग को ऐसा मान लेते हैं, जिसका निर्माण एक बार हो गया तो हो गया, उसमें कभी सुधार, मरम्मत, पुनर्निर्माण या विस्तार संभव नहीं है। यदि आजकल अकसर सुनी जानेवाली बोलचाल की भाषा में कहें तो अधिकांश लोग यही सोचकर 'हमसे न हो पाएगा' कि हार मान लेते हैं।

सच कहूँ तो विज्ञान के क्षेत्र में आज जितनी भी बड़ी हस्तियाँ हैं, वे यही शिक्षा देती हैं कि मनुष्य ध्यान रखे और कड़ी मेहनत करे तो वह अपना स्वभाव, अपनी सोच और अपनी आदतों को पूरी तरह बदल

सकता है। वह अपने स्वभाव के बुरे लक्षणों को मिटा सकता है और उनके स्थान पर अच्छे गुण, अच्छी बातों और अच्छे-अच्छे ज्ञान को स्थान दे सकता है। आज जिसे 'मस्तिष्क' कहते हैं, वह मन के उस उपकरण और साधन का नाम है, जो मस्तिष्क का उपयोग अभिव्यक्ति के माध्यम के रूप में करता है।

चलिए, अब हम सफलता पर मनोवृत्ति के प्रभाव के एक और हिस्से पर विचार करते हैं। मेरा मतलब उस प्रभाव से है, जो किसी की मनोवृत्ति के कारण दूसरों पर पड़ता है। क्या आपने कभी सोचा है कि हम अपने व्यक्तित्व और अपने गुणों के कारण दूसरों को अपनी छवि के बारे में संकेत देते रहते हैं? क्या आप नहीं जानते कि अगर आप हताशा, भय, आत्मविश्वास की कमी की मनोवृत्ति रखेंगे और मन में तमाम नकारात्मक गुणों का परिचय देंगे तो दूसरे लोग उस बात को भाँप लेंगे और आपके प्रति अपना व्यवहार उसी प्रकार का रखेंगे?

मान लीजिए कि कोई व्यक्ति आपके पास कारोबार के सिलसिले में आता है और अगर उसमें अपने ऊपर तथा जिस चीज को वह बेचना चाहता है, उस पर विश्वास न हो तो क्या आप तुरंत उसकी भावना को समझ नहीं जाएँगे और क्या आपका विश्वास उस पर से और जो भी प्रस्ताव वह रख रहा है, उससे उठ नहीं जाएगा? आप तुरंत उनके मन की दशा को भाँप लेंगे और इसका नुकसान उसे उठाना पड़ेगा; लेकिन वही व्यक्ति अगर जोश, सफलता एवं आत्मविश्वास की भावनाओं से भरकर आता है, उसकी बातों से आत्मविश्वास और दृढ़ता की झलक मिलती है तो क्या आपको उसमें सफलता की चमक दिखाई नहीं देगी? आप अनजाने में ही उसे 'तौलेंगे' और फिर उसकी चीजों के साथ ही उन संभावनाओं में अवसर को देखेंगे, जिनसे यह स्पष्ट होगा कि आप में उसके साथ कारोबार की इच्छा है और आपको ऐसा करने में खुशी होगी।

आप एक मानवीय चुंबक हैं और निरंतर ऐसे लोगों को अपने प्रति आकर्षित करते रहते हैं, जिनसे आपका स्वभाव मिलता-जुलता है।

—नेपोलियन हिल

क्या आप ऐसे लोगों को नहीं जानते, जिनमें विफलता, हताशा तथा 'मैं नहीं कर सकता' की झलक दिखती है? क्या आप पर गर्त में ले जानेवाली उनकी मानसिकता का बुरा प्रभाव नहीं पड़ता? दूसरी तरफ, क्या आप उन लोगों को नहीं जानते, जो आत्मविश्वास, साहस, जोश, निडरता और ऊर्जा से इतने भरपूर रहते हैं कि जैसे ही आप उनके संपर्क में आते हैं या वे आपके संपर्क में आते हैं, आपको उनकी भावना का पता तुरंत चल जाता है और आपकी प्रतिक्रिया उसी के अनुसार होती है? मेरा मानना है कि इनमें से प्रत्येक व्यक्ति के चारों ओर एक माहौल होता है, जिसे अगर आप पर्याप्त संवेदनशील हैं तो भाँप लेंगे। इनमें से एक विकर्षण का होता है तो दूसरा आकर्षण का। इस प्रकार का माहौल इन लोगों के मन में हर दिन चलनेवाले विचारों का या जीवन के प्रति उनकी मनोवृत्ति का होता है। इस पर थोड़ा विचार कीजिए और तब आप तुरंत समझ जाएँगे कि यह नियम किस प्रकार काम करता है।

सफलता पर मनोवृत्ति का एक और प्रभाव है, जिसे 'आकर्षण के नियम का कार्य' कह सकते हैं। सभी विचारवान्, देखने-समझनेवाले लोगों ने यह देखा है कि मानसिक आकर्षण का नियम किस प्रकार कार्य करता है, जिसमें 'समान स्वभाव वाले आपस में आकर्षित होते हैं।'

किसी व्यक्ति की मनोवृत्ति एक चुंबक की तरह काम करती है, जो उसकी तरफ उन वस्तुओं, परिस्थितियों, माहौल और लोगों को आकर्षित करती है, जिनका स्वभाव उसकी मनोवृत्ति से मिलता है। यदि हम सफलता के विषय में दृढ़ता से सोचते हैं और उस पर गहरा विश्वास रखते हैं तो यह लगातार ऐसी मनोवृत्ति का निर्माण करता है, जो निश्चित रूप से हमारी ओर उन चीजों को आकर्षित करती है, जो उसकी प्राप्ति और उसके फलीभूत होने में सहायक होती हैं। यदि हम वित्तीय सफलता के आदर्श पर जोर दें, जिसे सीधे तौर पर 'पैसा' कहें तो जो लोग पैसा

दिलाने में हमारी सहायता कर सकते हैं, परिस्थितियाँ, जो हमें पैसा दिला सकती हैं; अवसर, जिनसे हमें पैसा मिल सकता है, वे हमारी ओर आकर्षित होंगे।

आपको लगता है कि ये कपोल-कल्पना की बातें हैं? तो ठीक है, किसी भी ऐसे व्यक्ति का अध्ययन ध्यान से कीजिए, जिसने वित्तीय सफलता प्राप्त की है और देखिए कि क्या आज उसका सोच पैसे पाने की उम्मीद करने का है या नहीं? वह इस मनोवृत्ति को अपना आदर्श मानता है और लगातार इस आदर्श को सफल बनाने में जुटा रहता है।

इस दुनिया की किसी भी अच्छी या बुरी चीज पर अपने दिमाग को मजबूती से टिका दीजिए और आकर्षण के नियम के तहत या तो आप इसे अपनी ओर आकर्षित कीजिए या इसे अपने आप को आकर्षित करने दीजिए। आप अपनी ओर उन चीजों को आकर्षित करेंगे, जिनकी आप उम्मीद करते हैं। इसके विषय में सोचिए और अपने मन में बसा लीजिए। यह कोई अंधविश्वास की बात नहीं है, बल्कि सिद्ध किया जा चुका वैज्ञानिक तथ्य है।

'समान स्वभाववाले एक-दूसरे को आकर्षित करते हैं' और 'चोर-चोर मौसेरे भाई' के उपर्युक्त नियम को और अच्छी तरह समझाने के लिए मैं यहाँ उस सिद्धांत को रखना चाहूँगा, जिस पर आजकल जाने-माने विद्वानों के बीच खूब चर्चा हो रही है, यानी मानसिक जगत् में विचारों की धाराएँ हैं, उसी प्रकार जिस प्रकार वातावरण में हवा के झोंके होते हैं और समंदर में महासागरीय धाराएँ होती हैं। उदाहरण के लिए, बुराई और अच्छाई की धाराएँ होती हैं। एक धारा भय की तो दूसरी उत्साह की, एक घृणा की तो दूसरी प्रेम की धारा होती है, एक गरीबी की तो दूसरी अमीरी की धारा होती है। इस प्रकार, जो व्यक्ति दिन-रात गरीबी के विषय में सोचता और बात करता है तथा उसकी उम्मीद करता

रहता है, उसे दुनिया की धाराएँ गरीबी में ले जाती हैं तथा वह उन लोगों को अपनी ओर आकर्षित करता है, जो उसी दिशा में सोचते और बात करते हैं। इसके विपरीत, वह व्यक्ति, जो अमीर बनने की सोचता है, बात करता है और धन-समृद्धि की उम्मीद करता है, वह अमीर लोगों को अपनी ओर आकर्षित करता है या उनकी ओर आकर्षित होता है और समय आने पर उनके साथ उनकी समृद्धि को साझा करता है।

मैं इस सिद्धांत का प्रचार नहीं कर रहा हूँ, लेकिन यदि यह सही है तो हम में से हर एक को अपने विचार तथा बातों पर ध्यान देना चाहिए, गरीबी की बात को मन से निकाल देना चाहिए और उसके स्थान पर धन-समृद्धि के विषय में सोचना चाहिए।

अपने दिमाग के सभी हिस्से से 'मैं नहीं कर सकता', 'मेरी किस्मत ही ऐसी है', 'मैं जानता था, मैं फेल हो जाऊँगा', 'मैं बेचारा' जैसी दुःखी करनेवाली नकारात्मक बातों को निकाल बाहर कीजिए और मन को सकारात्मक, जोश भरनेवाले, सहायक, सफलता दिलानेवाले जबरदस्त आदर्शों, आत्मविश्वास तथा उन उम्मीदों से भर लीजिए, जिनकी आपको इच्छा रहती है। जिस प्रकार लोहे का चूरा चुंबक से आकर्षित होकर उसकी तरफ उड़ने लगता है, उसी प्रकार मानसिक काररवाई के इस महान् प्राकृतिक सिद्धांत, आकर्षण के नियम, के कारण वैसी चीजें आपकी तरफ उड़कर आने लगेंगी, जिनकी आपको जरूरत है। अभी ही शुरू हो जाइए और एक नया आदर्श बनाइए—सफलता का। उसे मन में ही देखिए, उम्मीद कीजिए, माँगिए।

□

याद रखिए, आपकी वास्तविक बाधा वह है,
जिसे खुद आपने अपने दिमाग में बना रखा है।

—नेपोलियन हिल

न कर्ज लीजिए, न दीजिए; क्योंकि इससे कर्ज व दोस्ती दोनों डूब जाती हैं और कर्ज लेने से परिश्रम की धार कुंद हो जाती है। सबसे बड़ी बात, अपनी खातिर सच्चे बनो और यह वैसे ही होना चाहिए, जैसे दिन के बाद रात होती है। तब कोई भी व्यक्ति तुम्हें गलत नहीं कहेगा।

—नेपोलियन हिल

आपकी प्रतिष्ठा वह है, जो लोगों की नजर में है। आपका चरित्र वह है, जो आप वास्तव में हैं। अपने चरित्र का निर्माण दृढ़ता से कीजिए, आपकी प्रतिष्ठा किसी की मोहताज नहीं रहेगी।

—नेपोलियन हिल

मन की शांति

पैसे के कई उपयोग हैं। मुख्य रूप से पैसे का उपयोग हमारी मौलिक आवश्यकताओं, जैसे—रोटी, कपड़ा और मकान मुहैया कराने में होता है। पैसे का इस तरीके से इस्तेमाल इस दुनिया में हर आदमी के लिए होता है, चाहे वह छोटा हो या बड़ा, गरीब हो या अमीर; लेकिन जिंदगी मात्र हमारी जरूरतों को पूरा करने से अधिक होनी चाहिए और वहीं पैसे का अन्य काम के लिए इस्तेमाल महत्त्वपूर्ण हो जाता है।

पैसे का दूसरा उपयोग आपात स्थितियों में हमारी सहायता के रूप में सामने आता है, जब हम बीमार पड़ जाते हैं या आय के साधन छिन जाते हैं। जीवन में एक समय ऐसा आता है, जब अधिकांश लोग शारीरिक रूप से काम करने के काबिल नहीं रह जाते हैं।

पैसे का तीसरा इस्तेमाल किसी भी व्यक्ति को तथाकथित 'अच्छा जीवन' जीने के योग्य बनाता है। इसमें घूमना-फिरना, किसी रेस्टोरेंट में जाना या पैसे खत्म होने की चिंता किए बिना सामानों की खरीदारी करना शामिल रहता है। दूसरे शब्दों में, एक बार हमारी बुनियादी जरूरतें पूरी हो जाती हैं और हमने मुश्किल समय के लिए कुछ पैसे बचा लिये हैं तो हम पैसे का इस्तेमाल जीवन का आनंद उठाने के लिए कर सकते हैं।

आखिर में, पैसे का चौथा उपयोग उन लोगों को पैसे देने या मदद

करने में होता है, जिन्हें उसकी जरूरत है। एक बार जब आप जीवन में इस स्थिति में पहुँच जाते हैं, जहाँ आपके पास अपनी जरूरत भर पर्याप्त पैसा हो जाता है तो आप अपने विवेक से अन्य लोगों या परोपकारी संस्थाओं की मदद कर सकते हैं। संभवत: आप उन युवकों की सहायता करना चाहें, जिन्हें कॉलेज की पढ़ाई पूरी करनी है या आप किसी धार्मिक स्थल में पैसे दान कर दें। हो सकता है, आप अपने समाज की मदद करना चाहें या चिकित्सा शोध के लिए चंदा दें।

जीवन में हमें यह चुनना होता है कि हम समाधान के साथ रहना चाहते हैं या समस्या के साथ? या तो दुनिया दु:ख उठाती रहे और हम पैसे इकट्ठा करते रहें या हमारे पास जितना है, उससे दूसरों के जीवन को खुशहाल बनाएँ। यह तय करना पूरी तरह से हम पर निर्भर करता है।

□

यदि आपको लगता है
कि आप कर सकते हैं तो आप कर लेंगे।

—नेपोलियन हिल

अमीरी और गरीबी—
दोनों ही सोच से पैदा होते हैं।

—नेपोलियन हिल

आप जो सोचते हैं, काफी हद तक वही आपकी दुनिया होती है। इस धरती पर कोई भी आपसे अपनी इच्छा के अनुसार सोचने के अधिकार को छीन नहीं सकता। इस कारण, आपका भाग्य सदैव आपके प्रभावी विचारों की प्रकृति से जुड़ा रहता है।

—नेपोलियन हिल

आप विचारों पर हावी होने के लिए खुद को बाहरी करने की प्रवृत्ति रखते हैं। यदि आप अपनी वित्तीय स्थिति को बदलना चाहते हैं, तो पहले अपने हावी विचारों को बदलें।

—नेपोलियन हिल

भाग्य

ऐसे कितने ही लोग, जो दौलत को हासिल नहीं कर सके, वे मानते हैं कि जिनके पास यह है, वह उनके अच्छे भाग्य की बदौलत है। कितने गलत हैं ऐसे लोग! अमीरी भाग्य से नहीं, दृष्टि और प्रयास से मिलती है, जैसा कि जेम्स एलन ने हमें निम्नलिखित लेख में सिखाया है—

विचारहीन, अज्ञानी और अकर्मण्य लोग चीजों को नहीं, बल्कि चीजों के मात्र स्पष्ट प्रभावों को देखते हैं। वही भाग्य की, किस्मत की और अवसर की बात करते हैं। किसी को अमीर होता देख वे कहते हैं, 'इसने क्या किस्मत पाई है!' किसी अन्य को बुद्धिजीवी बनते देख वे कहते हैं, 'उसे कौन सी सुविधा है, जो नहीं मिली है!' और किसी संत स्वभाववाले को, जो लोकप्रिय है, वे कहते हैं, 'हर बार उसे कितना अच्छा अवसर मिल जाता है!' वे यह नहीं देखते कि इन लोगों ने कितने संघर्षों, विफलताओं और कठिनाइयों को झेला है, जिसके बाद उन्हें वह सबकुछ मिला, न ही उन्हें उनकी ओर से किए गए त्याग की जानकारी होती है, न ही उस विश्वास की, जिसके बलबूते उन्होंने अजेय लगनेवाली चुनौतियों का सामना किया और उनके दिल ने जो सपना देखा था, उसे पूरा किया। उन्हें न अंधकार की जानकारी होती है, न ही उठाए गए कष्ट की। वे मात्र रोशनी और खुशी को देखते हैं और उसे 'भाग्य' कह देते

हैं। वे उस कठिन व लंबी यात्रा को नहीं देखते और मात्र प्राप्त लक्ष्य को देखते हैं और उसे 'अच्छी किस्मत' कहते हैं। ऐसे लोग प्रक्रिया को नहीं समझते, बल्कि नतीजे को ही देखते हैं और उसे 'अवसर' का नाम दे देते हैं।

इनसानों के हर मामले में प्रयास और नतीजे होते हैं। प्रयास जितनी ताकत से किया जाता है, उतना ही परिणाम मिलता है। सौगात, सत्ता और धन-संपत्ति, बौद्धिक और आध्यात्मिक क्षमता प्रयासों के कारण ही मिलती है। वे विचार होते हैं, जिन्हें पूर्ण किया जाता है; वस्तुएँ होती हैं, जिन्हें हासिल कर लिया गया है और सपने होते हैं, जो पूरे हो जाते हैं।

आप जिस सपने को मन में बसाए रखते हैं, जिस आदर्श को अपने दिल में जगह दे देते हैं, उसी से आप अपने जीवन का निर्माण करेंगे, वही बनेंगे।

—जेम्स एलन

□

सबसे बड़ी उपलब्धि सबसे पहले और कुछ समय के लिए मात्र एक सपना थी। बलूत का फल बलूत के वृक्ष पर सोया है, चिड़िया अंडे को से रही है और किसी के सबसे ऊँचे सपने में एक जागता देवदूत करवट लेता है। सपने सच्चाइयों के अंकुर होते हैं।

—जेम्स एलन

आत्मालाप

आत्मालाप अवचेतन मन को सक्रिय करने का माध्यम है और इसका प्रभाव हर उस चीज पर पड़ता है, जिसे हम देखते, चखते, सूँघते, सुनते या स्पर्श करते हैं। आत्मालाप को अपने आप से बातचीत या अपने चेतन और अवचेतन मन के बीच बातचीत के रूप में समझना कहीं अधिक आसान होगा।

आत्मालाप के सिद्धांत का सरल शब्दों में यही अर्थ है कि हमारे मन पर हावी विचार हमारे अवचेतन मन तक पहुँच जाते हैं और हमारे कदमों को प्रभावित करते हैं। इससे फर्क नहीं पड़ता कि ये विचार सकारात्मक हैं या नकारात्मक। वे हमारे अवचेतन मन तक पहुँच जाते हैं और हम उसके भौतिक समतुल्य रूप को देख सकते हैं।

अपनी इंद्रियों से हम जितनी गतिविधियों को देखते-समझते हैं, उन्हें पहले हमारा चेतन मन रोकता है, क्योंकि हम जान-बूझकर उन सारी चीजों को स्वीकार या अस्वीकार करते हैं, जिन्हें हमारे सामने रखा जाता है। चेतन मन को अवचेतन मन की ढाल या सुरक्षा कवच के रूप में देखा जा सकता है; क्योंकि इसमें उन सारी बातों को नियंत्रित करने की योग्यता होती है, जो हमारे अवचेतन मन में आता है और इस कारण ही अधिकांश लोग सही मायने में सफल नहीं होते।

अवचेतन मन की तुलना किसी हरे-भरे बाग से की गई है। वहाँ की मिट्टी उपजाऊ और पोषक तत्त्वों से भरपूर होती है, जिसमें जो भी बोया जाता है, उसका फल पैदा होता है। अपने अनुभव से आप जानते हैं कि हम सभी के पास यह चुनने की शक्ति होती है कि हम अपने अवचेतन में कैसा बीज बोएँ या कैसी बातें डालें। हम ऐसी बातें डाल सकते हैं, जिनसे सकारात्मक परिणाम मिलेंगे या नकारात्मक बातें, जो हमें सफलता की विपरीत दिशा में ले जाएँगी।

अच्छा तो अब आप यह सोच रहे होंगे कि आत्मालाप कैसे काम करता है? आपके अवचेतन मन में किसी सोच या विचार को डालने का एक सबसे अच्छा तरीका है कि उसे दोहराया जाए। हम जब किसी विषय का अभ्यास करते हैं और उसे दोहराते हैं, जैसा कि गणित या अंकगणित में होता है—अभ्यास, अभ्यास, अभ्यास—दोहराओ, दोहराओ, दोहराओ। आपके अवचेतन मन में आपके निश्चित प्रमुख उद्देश्य को डालने का सबसे अच्छा तरीका है कि आप अपने लक्ष्यों को लिख लें और प्रतिदिन कम-से-कम दो बार उस सूची को पढ़ें। आपने जो चाहा, वह आपको मिल जाए, यदि आप ऐसा चाहते हैं तो आपको यह मानकर चलना होगा कि वह चीज आपके पास है।

अपने लक्ष्यों को साफ-साफ लिख लेने और उसे स्पष्ट कर लेने से आप अपने अवचेतन मन से यह कह रहे हैं कि आपको सबसे अधिक किस चीज की इच्छा है और फिर उसे दोहराए जाने से आपको हर दिन उसके विषय में सोचने की आदत पड़ जाएगी, जिससे अपने लक्ष्यों को उनके भौतिक रूप में साकार करने में आपको सफलता मिलेगी।

ऐसा कोई भी विचार, जिसे नियमित रूप से दोहराया जाता है, वह आपके मन में स्थायी रूप ले लेता है। प्राथमिक विद्यालय में आपने पहाड़ा सीखा होगा और बरसों बाद जब कोई आपसे पूछता है कि आठ

गुणा आठ कितना होता है तो आप बड़ी आसानी से बता देते हैं। यही बात किसी लक्ष्य, विचार या आदत पर लागू होती है, जिसे आप अपने अवचेतन मन में बसा लेते हैं।

हालाँकि एक महत्त्वपूर्ण बात यह है कि इस प्रकार का निर्देश अवचेतन मन को अनुराग के साथ भावपूर्ण होकर दिया जाना चाहिए, तभी वह प्रभावी होता है। अवचेतन मन केवल उन्हीं विचारों पर कार्य करता है, जो उसे आस्था और भावना के साथ दिए जाते हैं। भावनाओं में कमी और आस्था को सही तरीके से लागू न करना ऐसे दो कारण हैं, जिनसे अधिकांश लोगों के जीवन में आत्मालाप वैसे नतीजे नहीं देता, जिनकी इच्छा की जाती है।

आपको अपनी भावनाओं को नियंत्रित व निर्देशित करने में समय और धैर्य की जरूरत पड़ेगी। हालाँकि एक बात याद रखिए कि बिना कुछ दिए कुछ नहीं मिलता। अपने अवचेतन मन तक पहुँचने। उसे सक्रिय बनाने की भी एक कीमत अदा करनी पड़ती है और अपने अवचेतन मन को सक्रिय बनाने की कीमत अदा करने के लिए आपको तैयार रहना पड़ेगा और वह कीमत है इस सिद्धांत को लागू करने के लिए आपका निरंतर प्रयास, जो कभी समाप्त न हो। इस योग्यता की इससे कम कीमत नहीं हो सकती। आपके सिवाय कोई और यह तय नहीं कर सकता कि आप जिस इनाम को पाने के लिए संघर्ष कर रहे हैं, उसकी सही कीमत क्या है और उस कीमत को आप अपने प्रयास से चुका सकते हैं।

आत्मालाप का सिद्धांत औसत के नियम पर निर्भर नहीं है और वह कोई भेदभाव नहीं करता। यह सभी लोगों पर कारगर होता है, चाहे जीवन में वे किसी भी स्थिति में क्यों न हों। जब असफलता मिलती है, तब इसका दोष आत्मालाप के सिद्धांत को नहीं दिया जाना चाहिए। सिद्धांत ने काम किया होगा और गलती संबंधित व्यक्ति की रही होगी। आप जब

विफल हों, तब प्रयास करते रहिए, एक और बार प्रयास कीजिए, फिर अगली बार भी और तब तक जब तक कि आप सफल न हो जाएँ और तब आपको अहसास होगा कि सफलता की यात्रा में निरंतर प्रयास का स्थान कोई भी नहीं ले सकता।

आत्मालाप की शक्ति का उपयोग करने की आप में कितनी क्षमता है, यह काफी हद तक इस पर निर्भर करेगा कि आप किसी विशेष इच्छा पर किस हद तक ध्यान को एकाग्र करते हैं कि वह एक जुनून बन जाए। एकाग्रता के सिद्धांत का अध्ययन कीजिए और आप समझ जाएँगे कि किसी निश्चित लक्ष्य पर अपने प्रयासों को केंद्रित करने का महत्त्व यह है कि वह आपके अवचेतन मन में बस जाए और फिर आदत उसे अपना हिस्सा बना ले।

संपूर्ण आस्था के साथ अवचेतन मन को जो भी आदेश दिया जाता है, वह उस पर कार्य करता है। आप जब अपने विचारों को दोहराते हैं तो वह आपके अवचेतन मन पर और भी गहराई से बैठ जाता है। यदि वह लक्ष्य प्राप्त नहीं हो पाया है तो जरूरी है कि जब तक वह प्राप्त न हो जाए, तब तक उस आदेश को आप अपने अवचेतन मन के पास बार-बार भेजें।

यह भी याद रखें कि अवचेतन मन नकारात्मक के साथ ही सकारात्मक विचारों को भी स्वीकार कर लेगा। यह कोई अंतर नहीं करता और अपनी ओर से कोई निर्णय नहीं थोपता। इसलिए सकारात्मक सोचवाले के लिए यह वरदान है; लेकिन उनके लिए अभिशाप है, जो भयभीत और नकारात्मक रहते हैं।

ऐसा कोई भी विचार, वह चाहे नकारात्मक हो या सकारात्मक, आपके अवचेतन मन में आत्मालाप के सिद्धांत की सहायता के बिना प्रवेश नहीं कर सकता है।

—नेपोलियन हिल

आपके अवचेतन मन में बोए गए विचार सदैव अपने भौतिक स्वरूप में फलीभूत होंगे। कल्पना-शक्ति से आपको अपने लक्ष्य की प्राप्ति में मदद मिलेगी और यह उन पौधों को जन्म देने में काफी लाभप्रद होती है, जो आपको आपके निश्चित प्रमुख उद्देश्य की प्राप्ति तक ले जाते हैं।

किसी को भी इस इंतजार में हाथ-पर-हाथ धरे नहीं बैठे रहना चाहिए कि पहले सफलता के सफर की शुरुआत के लिए जरूरी एक निश्चित योजना बन जाए, जिसमें सफलता प्राप्त करने के सारे आवश्यक कदम हों। उदाहरण के लिए, यदि आप धन-संपत्ति की इच्छा रखते हैं तो आपको इस इंतजार में नहीं बैठे रहना चाहिए कि पहले सारी चीजें इकट्ठी हो जाएँ या सही समय आए, तब शुरुआत की जाए। सही समय कभी नहीं आता, इसलिए उस धन को पाने के लिए आपको तुरंत ही शुरुआत कर देनी चाहिए।

आप जब यह कल्पना कर लेते हैं कि आपके पास वह धन आ गया है तो यकीन मानिए कि आपका अवचेतन मन सही समय पर सही योजना दे देगा; लेकिन आपको उसके लिए सतर्क रहना होगा, क्योंकि आप नहीं जानते कि वे कब आपके सामने आएँगे और जब आएँगे, तब आपको तुरंत ही काररवाई करनी होगी। जब आपके निश्चित प्रमुख उद्देश्य को सफल बनानेवाली योजनाएँ आएँगी, तब संभव है कि वे आपके दिमाग में किसी विचार के रूप में 'कौंध' जाएँ। यह विचार, प्रेरणा या संदेश अनंत बुद्धिमत्ता का सीधा टेलीग्राम होता है। उस संदेश का सम्मान कीजिए और तुरंत काररवाई कीजिए, क्योंकि ऐसा न करना आपकी सफलता के लिए घातक सिद्ध हो सकता है।

आप जिस धन को पाना चाहते हैं, उसका मालिक बन जाने की कल्पना करते हुए आपको अपने आप को इसकी कल्पना भी करनी

होगी कि आप ऐसी सेवा या उत्पाद दे रहे हैं, जिनसे आपको उस धन की प्राप्ति होगी। यह काफी महत्त्वपूर्ण है और यहाँ फिर से बता देना जरूरी है कि बिना कुछ दिए कुछ नहीं मिलता।

□

सारी सफलताओं की शुरुआत विचारों से ही होती है। जो लोग एक-दूसरे की भलाई की कामना हृदय से करते हैं, उन लोगों के बीच विचारों के आदान-प्रदान से मिले उपयोगी विचारों से अधिक फलप्रद कुछ भी नहीं होता। उस व्यक्ति से फैसले लेने में और व्यवसाय की योजनाएँ बनाने में शायद ही कभी चूक होगी, जिसके पास ऐसे आधा दर्जन लोगों के सुझावों की सुविधा है, जो उसकी योजनाओं पर रचनात्मक विश्लेषण प्रस्तुत करें।

—नेपोलियन हिल

आत्मालाप का सार और आपके लिए इसके क्या मायने हो सकते हैं

सफलता के मेरे सिद्धांतों का विनम्रता के साथ अध्ययन करने से आप अपने जीवन में बड़े-बड़े नतीजे हासिल कर सकते हैं। आप कुछ निर्देशों का पालन कर और कुछ को अनदेखा कर सफलता प्राप्त करने की आशा नहीं कर सकते। यही नहीं, यहाँ दिए गए निर्देशों को मात्र पढ़ लेना ही काफी नहीं है। आपको उन पर काररवाई करनी होगी, जिसमें आपको यह विश्वास होना चाहिए कि आप जो चाहते हैं, उन्हें प्राप्त कर सकते हैं।

अपने जीवन में किसी निश्चित मुख्य उद्‌देश्य को बनाने की दिशा में पहला कदम यह होगा कि आप किसी शांत जगह पर जाएँ, जहाँ कोई भी आपको तंग न करे और आँखें बंद कर उस चीज को 'देखने' का प्रयास करें, जिसकी आपको सबसे अधिक इच्छा है और उसे ऊँची आवाज में दोहराएँ। ऐसा करना फायदेमंद होता है, क्योंकि आप जब अपने लक्ष्य को सुनते हैं तो वह आपके अवचेतन मन में बैठ जाता है। इसके बाद आप जो चाहते हैं, उसका एक नपा-तुला बयान लिखें। यदि

आपको पैसा चाहिए तो उस राशि को लिखें, जो आपको चाहिए और उसे प्राप्त करने की समय-सीमा भी लिख दें। इसके साथ ही स्पष्ट रूप से यह लिखना न भूलें कि उस पैसे के बदले आप क्या छोड़ना चाहेंगे। आप जब इन निर्देशों को लागू करेंगे तो अपने आप को जल्दी ही सफलता की राह पर पाएँगे।

इसका एक उदाहरण यह हो सकता है कि आप उम्मीद कर रहे हैं कि आज से पाँच साल बाद आपके पास 20,000 डॉलर होंगे। आपको किसी उत्पाद या सेवा की बिक्री करनी होगी, जिससे कि आपको वह पैसा मिल सके। शायद आप कोई सेल्सपर्सन बन जाएँ। आपका लक्ष्य कुछ भी हो, आपको वहाँ तक पहुँचने के लिए कुछ तो देना ही होगा। आप यह नहीं सोच सकते कि कुछ मिल जाए; लेकिन आप उसके अनुपात में बदले में कुछ भी न दें। आपका व्यक्तिगत लक्ष्य कथन कुछ इस प्रकार का हो सकता है—

जनवरी की पहली तारीख तक मेरे पास 20,000 डॉलर होंगे। इस पैसे के बदले मैं रियल एस्टेट के सेल्समैन के रूप में यथासंभव सबसे अधिक मात्रा में और यथासंभव सबसे अच्छी गुणवत्तावाली सेवा दूँगा।

मुझे विश्वास है कि मेरे पास इतना पैसा होगा। मेरा विश्वास इतना सुदृढ़ है कि मैं उस पैसे को अपनी आँखों के सामने देख रहा हूँ। मैं उसे अपने हाथों से छू सकता हूँ। इस समय यह मेरे पास आने का इंतजार कर रहा है और यह उस सेवा के सही अनुपात में है, जितनी सेवा मैं देना चाहता हूँ। मैं उस योजना का इंतजार कर रहा हूँ, जिससे इस पैसे को इकट्ठा करूँगा और जैसे ही वह योजना सामने आती है, मैं उसका पालन करूँगा।

अपने व्यक्तिगत लक्ष्य कथन को हर रात और हर सुबह तब तक जोर-जोर से दोहराएँ, जब तक कि आप अपने निश्चित मुख्य उद्देश्य

को पूरा न कर लें। बस, इसे वहाँ मत कीजिए, जहाँ अनजाने लोग आपको सुन लें, नहीं तो वे सोचेंगे कि आप पागल हो गए हैं।

आत्मालाप का उद्देश्य आपके अवचेतन मन में विचारों और उपायों को स्थापित करना है। आपका अवचेतन मन केवल उन्हीं विचारों पर कार्य करेगा, जिन्हें आपने अपनी भावना के साथ जोड़ लिया है और जिन्हें अवचेतन को आस्था की 'भावना' के साथ सौंप दिया गया है। इसमें कोई शक नहीं कि आपकी भावनाएँ और आपकी आस्था जितनी सुदृढ़ होगी, आपके लिए लक्ष्य-प्राप्ति की संभावना उतनी ही अधिक होगी।

ये निर्देश, विशेष रूप से आरंभ में, आपको मात्र एक विचार या सोच लग सकते हैं, लेकिन इसकी चिंता मत कीजिए। निर्देशों का पालन कीजिए, चाहे आपको थोड़ा भी समझ न आए या लगे कि वे एकदम अव्यावहारिक हैं। यदि आपने निर्देशों का लगातार पालन किया और काररवाई करते चले गए तो आज नहीं तो कल, आपके लिए इस ब्रह्मांड की शक्ति के दरवाजे खुल जाएँगे।

यदि किसी नए विचार को लेकर आपके मन में शंका खड़ी हो जाए तो समझिए कि अकेले आप ही नहीं, जिनके साथ ऐसा हुआ है। यह याद रखिए कि सारे परिवर्तन चाहे किसी व्यक्ति के लिए हों या राष्ट्र के लिए, वे एक विचार से शुरू होते हैं और कभी-कभी इस प्रकार के विचार को तब तक विचित्र, अव्यावहारिक या असंभव कहा जाता है, जब तक कि वे संभव नहीं हो जाते।

अकसर दर्शन-शास्त्रियों ने यह कहा है कि मनुष्य अपने भाग्य का स्वामी स्वयं होता है; लेकिन उनमें से अधिकांश ने यह नहीं बताया कि ऐसा क्यों है। इसका सबसे बड़ा कारण यह है कि मनुष्य स्वयं अपना और अपने आसपास के माहौल का स्वामी होता है, क्योंकि उसके पास

अपने अवचेतन मन को प्रभावित करने की शक्ति होती है और उसकी सहायता से वह अनंत बुद्धिमत्ता का सहयोग प्राप्त करता है।

अपने लक्ष्यों तक पहुँचने में आस्था और निरंतर प्रयास की भूमिका के साथ ही आत्मालाप की जबरदस्त शक्ति को निम्नलिखित कविता बेहद खूबसूरती और नाटकीयता के साथ बताती है—

प्रेमपूर्ण आकर्षण के नियम से सामान्यतया 'समस्याएँ' वहाँ पाई जाती हैं, जहाँ उनका स्वागत किया जाता है। वे वहाँ जाती हैं, जहाँ उन्हें न्योता दिया जाता है।

—नेपोलियन हिल

इनविक्टस

विलियम अर्नेस्ट हेनले

अपने आगोश में लेनेवाली रात में,

इस ओर से उस ओर घुप्प अँधेरी,

वे कोई भी हों, धन्यवाद उन देवताओं का,

मुझे मेरी अजेय आत्मा के लिए।

परिस्थितियों के गर्त में भी

न मैं झुका, न चीखा।

होनी के प्रहार से,

खून-खून है मस्तक मेरा,

लेकिन झुका नहीं है।

क्रोध और रुदन के इस स्थान से दूर

अँधेरे का भय मँडराता,

संकट के उन वर्षों में,

मैं न डरा, न डरूँगा।

परवाह नहीं, कितनी ही तंग क्यों न हो राह,

दंड की सूची कितनी ही क्यों न हो लंबी,

स्वामी हूँ अपने भाग्य का।

हूँ अधिपति अपनी आत्मा का।

□

आप जो करना चाहते हैं, वह सही है और आप उसमें विश्वास रखते हैं तो आगे बढ़िए और उसे कर डालिए। अपने सपनों को सच कर डालिए और कभी इसकी चिंता मत कीजिए कि आपको कुछ समय के लिए विफलता मिलेगी तो 'वे' क्या कहेंगे, क्योंकि वे शायद यह नहीं जानते कि प्रत्येक विफलता अपने साथ उसी अनुपात में लाभ के बीज लेकर आती है।

—नेपोलियन हिल

सफलता के लिए किसी क्षमा की जरूरत नहीं पड़ती, विफलता कोई बहानेबाजी नहीं सुनती।

—नेपोलियन हिल

विश्वास

विश्वास सबसे बड़ा चमत्कार है और चमत्कार हर दिन हो रहे हैं।

इतिहास पर नजर डालें तो हमें अहसास होता है कि ऐसे-ऐसे चमत्कार हुए, जिन्होंने हमेशा-हमेशा के लिए मानवता की दिशा बदल दी और उनका लाभ पूरी दुनिया को मिला। जब हजारों उपाय बेकार साबित हुए, तब थॉमस अल्वा एडिसन ने हमें बिजली का बल्ब दिया। उन्होंने हमें फोनोग्राफ भी दिया, जिसकी सहायता से मनुष्य अपनी आवाज को रिकॉर्ड कर सकता है और उसे सुना सकता है, जिससे हम व्याख्यानों और संगीत को अपने घरों में अपनी सुविधा के अनुसार सुन सकते हैं। ऐसे चमत्कार इस कारण संभव हुए, क्योंकि एडिसन में ऐसी आस्था थी और ऐसा विश्वास था कि वे अपने लक्ष्यों को प्राप्त कर लेंगे, फिर चाहे उनकी राह में कितनी ही बाधाएँ क्यों न आएँ। कोई भी ताकत उनके साथ इतनी दृढ़ता के साथ खड़ी नहीं हो सकती थी, जितना कि वह विश्वास, जो उन्हें अपने ऊपर था।

अधिकांश निराशावादी, अप्रसन्न करनेवाली और भय उत्पन्न करनेवाली चीजें, जिन्हें अपने आप को एक दायरे में सीमित करने जैसी नकारात्मक सोच के कारण हम सच मान लेते हैं, वे वास्तव में सच्ची नहीं होतीं। हम में से कई लोग यह मानते हैं कि इस सदी में अब कोई भी

अवसर उपलब्ध नहीं हैं। सारे आविष्कार, उत्पाद और काम आनेवाले विचारों का उपयोग हो चुका है। हालाँकि यह सच नहीं है और हम इसका प्रमाण रसेल कॉनवेल की कहानी 'हीरों की खेती' में देख सकते हैं। इस कहानी का संदेश यह है कि हमें अवसरों की तलाश में ज्यादा दूर जाने की आवश्यकता नहीं है। इसकी बजाय यदि हमारा विश्वास अपने ऊपर है तो हम उसी स्थान पर पर्याप्त मात्रा में अवसर ढूँढ़ सकते हैं, जहाँ हम हैं।

यदि हमारे भीतर पर्याप्त विश्वास है तो अवसर कहीं भी मिल जाएँगे। इस तरह की सोच कि दूसरों के पास बहुत कुछ है, अकसर गलत होती है और इसके कारण लगातार व निरर्थक रूप से अधिक और बेहतर चीजों की तलाश की जाती रहेगी। मेरी बात मानिए, यह सफलता तक कभी न पहुँच पाने, बार-बार विफल होने का पक्का रास्ता है।

राइट ब्रदर्स को यह विश्वास था कि वे कुछ ऐसा हासिल कर लेंगे, जिसे पहले कभी नहीं किया गया था। वे कई वर्षों तक प्रयास करते रहे और गलतियाँ होती रहीं। उन्होंने अनगिनत खतरनाक प्रयोग किए और तब जाकर हवा में विमान उड़ाने का उनका सपना साकार हुआ। असंभव को संभव बनानेवाले उनके काम ने दुनिया को बदल दिया, लोगों के बीच की दूरी को कम कर दिया और इस रफ्तार से सामान और लोगों को लाना व ले जाना संभव बनाया, जिसकी इस दुनिया ने कभी कल्पना नहीं की थी। समाज हमेशा-हमेशा के लिए बदल चुका था और यह कभी संभव नहीं होता, अगर राइट बंधुओं को अपनी योग्यताओं पर विश्वास न होता। एक युवा संवाददाता के रूप में मैंने उनकी पहली सफल उड़ान को देखा था, जिसे मैं कभी भूल नहीं सकता।

क्रिस्टोफर कोलंबस जब नई दुनिया के नए रास्ते की खोज में निकले तो वे एक विचार और एक विश्वास पर चल रहे थे। कोलंबस

जिस रास्ते को ढूँढ़ने निकले थे, वह उन्हें कभी नहीं मिला; फिर भी, उन्हें विश्वास था कि वही उसका पता लगा सकते हैं और उन तीन छोटे जहाजों—नीना, पिंटा एवं सैंटा मारिया को अटलांटिक महासागर में लेकर निकलने के लिए बेहिसाब विश्वास की जरूरत थी, जो बिना किसी शक एक लंबा और खतरनाक सफर था और कभी-कभी तो उस महासागर में सफर आज भी खतरनाक साबित होता है। जहाजों के सफर पर निकलने से पहले ही अंतिम परिणाम को देखने के लिए जबरदस्त विश्वास की जरूरत थी।

यदि आप भारत के इतिहास का अध्ययन करेंगे तो आपको यह समझने में देर नहीं लगेगी कि महात्मा गांधी अपने विश्वासों व लक्ष्यों में आस्था रखते थे और उन्हें विश्वास था कि वे 20 करोड़ लोगों की ताकत को एकजुट कर दुनिया की सबसे शक्तिशाली सेना को एक भी गोली चलाए बिना परास्त कर सकते हैं। ब्रिटिश साम्राज्य ने भारत पर लगभग 200 वर्षों तक शासन किया और जब वह अपने चरम पर था, तब इतिहास का सबसे विशाल साम्राज्य बना। फिर भी गांधी ने साबित किया कि विश्वास के साथ काररवाई की जाए तो आमूलचूल परिवर्तन और सकारात्मक परिणाम संभव हो सकते हैं।

अल्बर्ट आइंस्टीन को अपने ऊपर विश्वास था और उन्होंने अपने दिमाग से सारी सीमाओं को हटा दिया था, जिसका परिणाम यह हुआ कि उन्होंने ऐसे-ऐसे गणितीय और वैज्ञानिक सिद्धांतों से परिचय कराया, जिनके बारे में दुनिया को पता तक नहीं था। प्रोफेसर आइंस्टीन का दिमाग विश्वास से भरा था, जिसकी सहायता से वे इस प्रकार की खोज कर सके। यदि इसकी बजाय उनके दिमाग में भय, आशंका, शिक्षित जगत् की आलोचना की आशंका या अन्य नकारात्मक विचार भरे होते तो इस प्रकार की खोज दुनिया में कभी हो ही नहीं पाती।

इस युग में शंकालुओं या संदेह से भरे महानुभावों का स्थान नहीं है। जो व्यक्ति यह सोचता है कि कोई काम संभव नहीं, उसे उन लोगों के रास्ते से हटा दिया जाता है, जो उसे कर दिखाते हैं। यह एक ऐसा युग है, जहाँ कुछ भी हो सकता है और यह इस कारण, क्योंकि मनुष्य ने यह जान लिया है कि अगर विश्वास हो जाए तो वे जो चाहें, उसे कर दिखा सकते हैं।

—नेपोलियन हिल

बिल्कुल इसी तरीके से जॉर्ज वाशिंगटन ने अपने विश्वास का उपयोग ब्रिटिश सेना पर विजय पाने के लिए वैली फोर्ज में किया था, जहाँ दुश्मन उनके सैनिकों की तुलना में बेहतरीन हथियारों से लैस था और अधिक संख्या में भी था। इस अटूट आस्था और विश्वास के कारण वाशिंगटन अपने देशवासियों का नेतृत्व स्वतंत्रता प्राप्त करने और दुनिया के सबसे महानतम देशों में से एक को बनाने में कर सके।

यदि आपकी दुनिया सीमाओं, दु:खों, शंकाओं और कमी से भरी है तो इसका कारण यह है कि आपने अपने दिमाग के सकारात्मक हिस्सों को नहीं जगाया है। आपको यह समझना होगा कि आपका दिमाग किसी प्रयोगशाला की तरह है और आपके साथ आपका विश्वास है, जिससे आप जो चाहें, हासिल कर सकते हैं।

यदि भविष्य की संभावनाओं का आकलन अतीत की उपलब्धियों से किया जाए और मेरा दृढ़ विश्वास है कि ऐसा ही होता है तो फिर तथाकथित ऐसे चमत्कार, जिनसे अब तक परदा नहीं हटा है, उनकी संख्या हम जिन चमत्कारों को देख चुके हैं, उससे कई गुना ज्यादा है।

महात्मा गांधी, ओरविल और विल्बर राइट, अल्बर्ट आइंस्टीन, थॉमस एडिसन, हेनरी फोर्ड, अलेक्जेंडर ग्राहम बेल और ऐसे अनगिनत लोगों के विषय में सोचिए कि यदि इन लोगों ने चमत्कार किए और इतिहास बदला तो यह उस विश्वास के कारण संभव हुआ, जिसने उनके मन से नकारात्मक बातों को दूर कर दिया। सच में, अपनी योग्यताओं पर विश्वास के महत्त्व को जितना बताया जाए, उतना कम होगा।

विश्वास का अर्थ सरल शब्दों में अपनी इच्छाओं को अपने सामने देखना और उसे पूरा कर लेने का भरोसा होता है। धन प्राप्त करने और किसी भी बड़ी उपलब्धि को प्राप्त करने की दिशा में विश्वास सबसे महत्त्वपूर्ण सिद्धांतों में से एक है।

यह समझ लीजिए कि विश्वास मन के केमिस्ट के जैसा है। विश्वास, प्रेम और यौन संबंध सबसे शक्तिशाली सकारात्मक भावनाओं में शामिल हैं और आप जब इन तीन भावनाओं को किसी विचार या सोच के साथ मिला देते हैं तो वह सोच तुरंत ही अवचेतन मन तक पहुँच जाता है। विचारों और इन भावनाओं के मिश्रण से अवचेतन मन तुरंत ही विचार के स्पंदन को महसूस करता है और फिर उस विचार को अनंत बुद्धिमत्ता के साथ उसके आध्यात्मिक समतुल्य में बदल देता है। मुझे यकीन है कि आपने 'विचार ही वस्तु होते हैं' की बात सुनी होगी। इसका अर्थ यही है कि हम जिस चीज को भौतिक जगत् में देखते हैं, उसकी शुरुआत किसी के दिमाग में एक विचार के रूप में हुई होगी और यह बात बार-बार सच साबित हुई है।

विश्वास सारी व्यक्तिगत उपलब्धियों का आधार होता है। यदि विश्वास है तो आपको वह सबकुछ मिलेगा, जो आप चाहेंगे; क्योंकि आपके रास्ते में कोई भी नहीं आना चाहेगा।

—नेपोलियन हिल

विश्वास को हमेशा बनाए रखना आसान नहीं हो सकता; लेकिन आप चाहते हैं कि आपके पास धन-संपत्ति और जीवन की तमाम खुशियाँ आएँ तो आपके लिए यह सबसे जरूरी चीज है।

विश्वास के सर्वाधिक लाभ को पाने के लिए आत्मालाप के सिद्धांत को समझना और उसका उपयोग करना महत्त्व रखता है। बिल्कुल आत्मालाप की ही तरह विश्वास भी मन की एक अवस्था है और दोहराने से उस तक पहुँचा जा सकता है या उसे बनाया जा सकता है। बार-बार दोहराने या अपने मन में उसे बसा लेने से आप जो चाहें, उसे पा सकते हैं और फिर देखिए कि आपका विश्वास कितनी तेजी से बढ़ता है।

उदाहरण के लिए, आर्थिक समृद्धि को ही देख लीजिए। यह मन में एक संकल्प की तरह होता है, जिसे हम निश्चित मुख्य उद्देश्य या इच्छा कहते हैं। आत्मालाप और विश्वास के उपयोग के साथ ही अपनी इच्छा को मन-ही-मन बार-बार दोहराने से आप अपने अवचेतन मन को विश्वास दिला सकते हैं कि आप जो चाहते हैं, उसे पाने का आपको भरोसा है और मेरी मानिए, आपको वह मिल जाएगा।

अपने अवचेतन मन को जो आदेश आप देते हैं, उसे दोहराना या उसका संकल्प करना गहरे विश्वास का एकमात्र जाना-माना तरीका है। आप लगातार अपने आप से कहते रहते हैं कि आप कुछ भी हासिल कर सकते हैं और ऐसा करने से आप किसी भी सीमा को मिटा सकते हैं, जिसे भय, चिंता या नकारात्मक विचारों ने आपके मन में बना रखा है।

जब लोगों का सामना पहली बार अपराध से होता है तो वे उससे घृणा करते हैं। इसका कारण यह है कि बचपन से ही हममें से अधिकांश को यह सिखाया जाता है कि क्या गलत है और क्या सही। हालाँकि जब लोग लगातार ऐसी परिस्थितियों में खुद को पाते हैं, जहाँ वे अपराध होते देखते हैं तो उन्हें उसकी आदत पड़ जाती है और वे उन्हीं परिस्थितियों

में ढल जाते हैं। वे उसे सहना सीख लेते हैं। अगर लोग लंबे समय तक अपराध के संपर्क में रहते हैं तो वे इस प्रकार के व्यवहार को जीवन के स्वाभाविक अंग के रूप में स्वीकार कर लेते हैं और धीरे-धीरे उसे गलत नहीं मानते, जैसा कि वे पहले सोचते थे। इससे यह स्पष्ट हो जाता है कि कोई भी स्थिति या विचार, जो बार-बार सामने आता है, उस पर अवचेतन मन आखिरकार कार्य करने लगता है। वह अवचेतन मन फिर उस विचार को भौतिक समतुल्य के रूप में बदल देता है।

विश्वास! अगर ऐसा कोई है,
जिसे आप जानते हैं और जो आपकी सारी
कमियों को जानकर भी आपके साथ इस कारण
खड़ा रहता है कि आप में कुछ अच्छाई भी है
तो उस व्यक्ति की दोस्ती को तोड़िएगा मत।
ऐसे किसी व्यक्ति की मदद से आप सशक्त बन
सकते हैं। ऐसे दो लोगों की सहायता से आप
शक्तिशाली बन सकते हैं। ऐसे तीन लोगों की
मदद से आप एक विलक्षण प्रतिभा के व्यक्ति
बन सकते हैं और उपलब्धियों की उन बुलंदियों
को छू सकते हैं, जिनके विषय में ज्यादातर लोगों
ने कभी सपने में भी नहीं सोचा होगा।

—नेपोलियन हिल

ऐसे सारे विचार, जिन्हें भावनाओं से जोड़ लिया गया है और जो विश्वास से प्रेरित हैं, तुरंत ही अपने आप को अपने भौतिक समतुल्य या सदृश के रूप में फलीभूत करने लगते हैं।

भावनाओं से विचारों को उत्साह और जिंदगी मिलती है, जिससे काररवाई की शुरुआत होती है। अवचेतन मन किसी भी विचार पर कार्य करता है, जो भावना से भर दिया गया है, चाहे वह नकारात्मक और विनाशकारी हो या सकारात्मक और रचनात्मक। यह उस स्थिति को बताता है, जिसे ज्यादातर लोग 'बैड लक' कहना पसंद करते हैं।

लाखों लोगों का मानना है कि गरीबी व विफलता उनके भाग्य में लिखी है और उन्हें उन हालात से निकलने का कोई रास्ता नहीं दिखता। वे यह मानते हैं कि अपनी स्थिति पर उनका कोई नियंत्रण नहीं है और उन्हें यह समझ नहीं आता कि वे खुद नकारात्मक विचारों को प्रश्रय देकर अपने लिए खराब हालात पैदा कर रहे हैं। अवचेतन मन नकारात्मक विचारों को पकड़ लेता है और उन्हें उनके भौतिक रूप में उनके सामने ले आता है।

आप अपने निश्चित मुख्य उद्देश्य को अपने अवचेतन मन तक अपनी इच्छा को इस विश्वास या आस्था के साथ पहुँचाकर प्राप्त कर सकते हैं कि आप अपने लक्ष्य तक पहुँच जाएँगे। अपने आप पर आपका विश्वास व भरोसा और कुछ नहीं, बल्कि अवचेतन मन की काररवाई को निश्चित करता है। इसके बारे में सोचिए, यह काफी महत्त्वपूर्ण है।

आशा है कि आपने अपने अनुभवों से यह जान लिया होगा कि प्रत्यक्ष निर्देशों के साथ विश्वास को मिला दें तो जबरदस्त लाभ मिलता है।

यदि हम लगातार अपराध से जुड़े रहकर अपराधी बन सकते हैं तो अपने अवचेतन मन को बार-बार यह कहकर ऐसा विश्वास पैदा कर सकते हैं कि हम हर उस चीज को हासिल कर सकते हैं, जिस पर हमें सच्चा विश्वास है और उसे पाने की हम में जबरदस्त इच्छा है।

आपकी दुनिया काफी हद तक उन चीजों से बनती है, जिनके बारे में आप सोचते हैं। आपसे अपनी इच्छा के अनुसार सोचने का अधिकार इस धरती पर कोई भी छीन नहीं सकता। इस कारण, आपका भाग्य सतत रूप से आपके मन में हावी विचारों की प्रकृति के साथ जुड़ा रहता है।

—नेपोलियन हिल

मन की उस स्थिति को पैदा करना जरूरी है, जिसे 'विश्वास' कहते हैं; लेकिन आपको उस विश्वास या आस्था पर कारवाई भी करनी होगी। लोग अकसर कहते हैं, 'भरोसा रखो' या 'मान भी लो'। फिर भी, यह मान लेना ही काफी नहीं कि कुछ हो जाएगा। उसके लिए कारवाई करनी पड़ती है और आपके दिमाग में जो योजनाएँ हैं, उन्हें अमल में लाना पड़ता है, ताकि सार्थक परिणाम मिल सकें।

विश्वास सदा-सदा से वह जादू है, जो हमारे विचारों को जीवन और शक्ति देने के साथ ही उन्हें कार्य-रूप देता है।

विश्वास सारी धन-संपत्ति के इकट्ठा होने का शुरुआती बिंदु है।

विश्वास ही विफलता की एकमात्र अचूक दवा है।

विश्वास ही सभी तथाकथित चमत्कारों और सारी घटनाओं या रहस्यों का आधार है, जिन्हें विज्ञान भी नहीं समझा पाता है।

विश्वास ही वह तत्त्व है, जिसे प्रार्थना के साथ मिला दिया जाए तो वह किसी व्यक्ति का अनंत बुद्धिमत्ता से सीधा संवाद कराता है।

विश्वास ही वह तत्त्व है, जो विचार के सामान्य स्पंदन को मनुष्य के असीम मन द्वारा दोहराए जाने से आध्यात्मिक समतुल्य में बदल देता है।

हम सभी उस बात को मान लेते हैं, जिसे हमारा अवचेतन मन बार-बार दोहराता है, चाहे वह सच हो या झूठ। यह बात वर्णाक्षरों, गुणा के पहाड़े या हमारे उस विश्वास पर लागू होती है, जब हमें लगता है कि हम जो चाहें, उसे प्राप्त कर सकते हैं। हालाँकि हमें अपनी सीमाओं पर भी विश्वास करना होगा, जैसे कुछ कार्य असंभव होते हैं या उन्हें पूरा करने के लिए हमारे पास जरूरी कौशल नहीं होता।

आज हम जिस प्रकार का जीवन जी रहे हैं, वह उन विचारों का

परिणाम है, जो कल हमारे दिमाग में थे। यह अच्छी बात है कि हम सभी के पास अपनी सोच की जो पूँजी है, बस, उसका उपयोग कर हम अपने आसपास के माहौल को इस प्रकार बदल सकते हैं कि अपनी इच्छा को पूरा कर सकें। इसी प्रकार, नकारात्मक भावनाओं और मानसिक परेशानियों के कारण हमारे माहौल को हताशा, दुराचार एवं भय में बदला जा सकता है। अकसर आत्मविश्वास की कमी हमारे लिए सबसे बड़ी बाधा बन जाती है; लेकिन आत्मालाप के उपयोग से इसे दूर किया जा सकता है।

समुचित ढंग से आत्मविश्वास पैदा करने के लिए अपने आप से बार-बार सकारात्मक बातें कहने की आदत बनाना जरूरी हो जाता है। इस प्रकार, अपने मन से बात करने का एक उदाहरण नीचे दिया है—

"मैं जानता हूँ कि मेरे भीतर जीवन में अपने प्रमुख निश्चित उद्देश्य को पूरा करने की योग्यता है। इस कारण मैं अपने आप से लगातार कहता हूँ कि उसे प्राप्त करने के लिए कदम उठाते रहो।

मैं जानता हूँ कि मेरे मन पर हावी विचार आखिरकार अपने आप को धरातल पर वास्तविक रूप में ले आएँगे। इस कारण मैं अपने प्रयास उस व्यक्ति के बारे में सोचने पर लगाऊँगा, जो मैं बनना चाहता हूँ और इस प्रकार अपने मन में उस व्यक्ति की स्पष्ट व मानसिक तसवीर बनाऊँगा।

मैं जानता हूँ कि जिस सिद्धांत को आत्मालाप के नाम से जाना जाता है, उसके इस्तेमाल से मैंने मन में जो भी इच्छा कर रखी है, वह अपने आप को अपने भौतिक रूप में प्रकट करेगी और मेरा अवचेतन मन मेरे लक्ष्य को पूरा करने की योजनाओं को प्रस्तुत कर देगा।

मैंने अपने निश्चित मुख्य लक्ष्य को स्पष्ट करते हुए साफ तौर पर लिख लिया है और मैं तब तक विश्वास एवं एक सकारात्मक सोच के

साथ चलता रहूँगा, जब तक कि मैं उस इच्छा को पूरा करने के लिए जरूरी आत्मविश्वास को पैदा न कर लूँ, जो मेरे मन में है।

मैं यह समझता हूँ कि कोई भी दौलत या जिम्मेदारी का पद तब तक ज्यादा समय तक नहीं रहता, जब तक कि वह सच्चाई और न्याय पर आधारित न हो। मैं ऐसे किसी भी लेन-देन में शामिल नहीं होऊँगा, जिसका लाभ उन सभी को नहीं मिलेगा, जो उससे प्रभावित होंगे। मैं उन ताकतों और उन लोगों को अपने साथ लाकर सफलता प्राप्त करूँगा, जिनका उपयोग मैं करना चाहता हूँ। अन्य लोग मेरा सहयोग करेंगे, क्योंकि मैं उनके साथ सहयोग करूँगा। मैं अन्य लोगों का विश्वास हासिल करूँगा, क्योंकि मुझे अपने ऊपर विश्वास है। मैं जानता हूँ कि दूसरों के प्रति नकारात्मक रवैया कभी मुझे सफलता नहीं दिला सकता।

किसी भी व्यक्ति को तब तक स्थायी सफलता नहीं मिल सकती, जब तक कि वह अपनी सारी गलतियों पर गौर करना शुरू नहीं करता।

—नेपोलियन हिल

आत्मविश्वास के इस फॉर्मूले पर मैं अपने हस्ताक्षर करूँगा और हर दिन कम-से-कम एक बार इसे इस विश्वास के साथ जोर-जोर से पढ़ूँगा कि यह मेरे विचारों व कदमों को प्रभावित करे, ताकि मैं एक आत्मनिर्भर और सफल व्यक्ति बन सकूँ।"

आत्मालाप महत्त्वपूर्ण है और यह उन लोगों को सफलता दिलाने में विश्वसनीय साबित हो चुका है, जो इसे समझते हैं और लागू करते हैं। दूसरी तरफ, आत्मालाप का उपयोग विनाशकारी तरीके से भी किया जा सकता है। इस सिद्धांत को नकारात्मक तरीके से लागू करने पर दु:ख और गरीबी भरा जीवन मिलेगा।

अवचेतन मन नकारात्मक या सकारात्मक विचारों के बीच अंतर नहीं करता। जिस किसी भी प्रकार के विचार इसमें डाले जाते हैं, यह उन्हें उनके भौतिक समतुल्य में बदल देता है। अवचेतन मन जितनी तेजी से भयभीत करनेवाले विचार को वास्तविकता में बदलता है, उतनी ही तेजी से यह उन विचारों को भी हकीकत में बदल देगा, जो साहस और विश्वास से प्रेरित होते हैं।

बिजली का उपयुक्त प्रयोग करने से कई लाभ मिल सकते हैं या गलत इस्तेमाल से तबाही या बरबादी हो सकती है। यही बात आत्मालाप के सिद्धांत के उपयोग पर भी लागू होती है। यह आपको तय करना है कि आप अमीरी का जीवन जीना चाहते हैं या गरीबी का?

आत्मालाप का नियम कल्पना को नई उड़ान देता है, जिससे कोई भी व्यक्ति उपलब्धियों की किसी भी ऊँचाई तक पहुँच सकता है। इसकी सबसे अच्छी व्याख्या 'द मैन हू थिंक्स ही कैन' (व्यक्ति जो चाहे, कर सकता है) की निम्नलिखित कविता में की गई है—

सोचा कि होगी हार,

तो समझो हारे।

सोचा कि कर नहीं सकते,

तो समझो हुआ असंभव।

चाही जीत, पर न किया विचार,

तो निश्चित मानो हार।

सोचा कि हुए पराजित,

तो पराजित ही मानो।

देखो जग में चहुँओर,

मनुज की इच्छा-शक्ति से

होता सफलता का आरंभ है

कुछ और नहीं, सबकुछ मन की दशा है।

सोच लिया कि पिछड़ गए,

तो समझो पिछड़े।

तय करो कि आगे-ही-आगे है बढ़ना,

पुरस्कार पर जीत जब होगी तब होगी

पहले खुद में जगाओ विश्वास।

अंतहीन समर यह जीवन

मनुज हो शक्तिशाली या तीव्रतर,

आज नहीं तो कल

जीत उसी की होनी है,

सोचा जिसने जो चाहूँ, कर सकता हूँ।

—वाल्टर डी. विंटल

विश्वास तीन चीजों से मिलकर बनता है—धारणा, आत्मविश्वास और काररवाई। यदि आप उपर्युक्त कविता को फिर से पढ़ेंगे और शब्दों पर गौर करेंगे तो आपको अहसास होगा कि उपलब्धि का सुषुप्त बीज आपके भीतर ही है। आपको बस, इस बीज को जगाना है और शक्तिवान् बनने में इसकी सहायता करनी है, जिससे कि आप उन बुलंदियों को छू लेंगे, जिनके बारे में आपने कभी सपने में भी नहीं सोचा होगा।

□

विश्वास आपके सफलता रूपी मंदिर की नींव है।
इसके बिना आपकी इमारत ढह जाएगी।

—नेपोलियन हिल

आपसे किसने कहा कि आप इसे नहीं कर सकते? उसने ऐसी कौन सी महान् उपलब्धि हासिल कर ली है कि वह 'असंभव' शब्द का इस्तेमाल धड़ल्ले से कर रहा है?

—नेपोलियन हिल

वह व्यक्ति, जिसे लिफाफे में अपने वेतन के सिवाय अपनी मेहनत के बदले कुछ और नहीं मिलता, उसे कम वेतन मिलता है और उससे धोखाधड़ी हो रही है, चाहे उसका वेतन कुछ भी क्यों न हो। मेहनत का सही वेतन तो वह आनंद है, जो अपने काम को करने से मिलता है। किसी को जो पैसा मिलता है, वह मात्र संयोग होता है।

—नेपोलियन हिल

एक निश्चित मुख्य उद्देश्य आपको निरर्थक प्रयास से बचना और जीवन में एक निश्चित व अच्छी तरह सोचे-समझे गए उद्देश्य पर अपना मन स्थिर करने के साथ ही उसे पूरा करना सिखाएगा।

—नेपोलियन हिल

आत्मानुशासन

सफलता के लिए किसी एक जरूरी चीज की बात करें तो आत्मानुशासन से अधिक महत्त्वपूर्ण और कुछ भी नहीं होता। इसका अर्थ होता है—अपने मन को वश में रखना। आपने इस सिद्धांत में सिद्धि प्राप्त कर ली तो आपको बेशकीमती फायदे मिलेंगे, जिनमें से कुछ यहाँ दिए जा रहे हैं—

- पहला, आपकी कल्पना-शक्ति अधिक सजग हो जाएगी।
- आपका उत्साह अधिक बढ़ जाएगा।
- आपकी पहल और सक्रिय हो जाएगी।
- आपकी आत्मनिर्भरता अधिक हो जाएगी।
- आपकी सोच बड़ी होगी।
- आप दुनिया को एक अलग नजर से देखने लगेंगे।
- आपका व्यक्तित्व अधिक आकर्षक हो जाएगा।
- आपकी उम्मीदें और आकांक्षाएँ अधिक प्रबल हो जाएँगी।
- आपका विश्वास अधिक सुदृढ़ हो जाएगा।

भावनाएँ आपके मन की दशा होती हैं और इस कारण वे आपके

नियंत्रण व निर्देश पर काम करती हैं। आप सात सकारात्मक भावनाओं का प्रयोग कर सकेंगे, जो इस प्रकार हैं—

- प्रेम
- सेक्स
- आशा
- विश्वास
- उत्साह
- ईमानदारी
- इच्छा।

और आप सात नकारात्मक भावनाओं को मिटा सकेंगे, जो इस प्रकार हैं—

- भय
- ईर्ष्या
- घृणा
- बदला
- लालच
- क्रोध
- अंधविश्वास।

आपको जब यह अहसास होगा कि अधिकांश लोगों का जीवन उनकी भावनाओं से प्रेरित होता है, तब आप इस बात को समझ सकेंगे कि आपके लिए भावनात्मक नियंत्रण का क्या महत्त्व है और इस संसार पर काफी हद तक यही भावनाएँ राज करती हैं। आदतें चाहे अच्छी हों

या बुरी, ऐसी स्वचालित काररवाई होती हैं, जिन्हें आप रोजाना करते हैं। आत्मानुशासन का अर्थ होता है—रचनात्मक आदतों को अपनाना। आप वास्तव में जो हैं, आप वास्तव में जो करते हैं, चाहे आपकी विफलताएँ हों या आपकी सफलता—उन सबके पीछे आपकी आदतें ही होती हैं तो फिर क्या यह एक वरदान नहीं कि ये आदतें खुद की बनाई होती हैं और सबसे महत्त्वपूर्ण आदतें विचार से जुड़ी होती हैं?

अपने कर्मों से आप अपनी आदतों के बारे में बताते हैं और जब सोच के कारण बनी आदतों पर आपका नियंत्रण हो जाएगा, तब तक आप आत्मानुशासन पर सिद्धि प्राप्त करने की दिशा में बहुत आगे निकल चुके होंगे। निश्चित मंशा से विचार की आदतों की शुरुआत होती है। मंशा की निश्चितता के बिना आत्मानुशासन असंभव है। यही नहीं, यह आपके लिए महत्त्वहीन भी होगा, क्योंकि आप उसमें कुछ कर नहीं पाएँगे। कोई कभी बिना किसी मंशा के कुछ भी नहीं करता।

ऐसा कहा गया है कि तर्कहीन भावना मनुष्य की सबसे बड़ी शत्रु होती है। जो भी सफल होना चाहता है, उसे तर्क और भावनाओं का उपयोग संतुलित रूप से करना होगा। किसी के भी जीवन में एक भी दिन शायद ही ऐसा गुजरता है, जब उसकी भावना कुछ करने को न कहती हो और तर्क उसे यह न कहता हो कि उसे उस काम को नहीं करना चाहिए।

हार तभी स्थायी हो सकती है, जब उसका मन
उसे स्थायी मान ले।

—नेपोलियन हिल

तर्क करनेवाले दिमाग और भावनाओं को व्यक्त करनेवाले हृदय को एक मालिक की जरूरत पड़ती है और यह मालिक उन्हें इच्छा-शक्ति में मिलता है। इच्छा की सहायता से काम करनेवाला अहंकार सुनवाई करनेवाला जज होता है; लेकिन सिर्फ उसी व्यक्ति के लिए, जिसने अपने अहंकार को उस काम के लिए आत्मानुशासन से उसके अनुरूप बनाया है। इस अनुशासन के बिना अहंकार अपना काम करता है और तर्क व भावनाओं को अपनी लड़ाई जैसे चाहे, लड़ने देता है। ऐसे मामले में, जिस व्यक्ति के मन में यह युद्ध छिड़ा होता है, उसे अकसर काफी नुकसान पहुँचता है।

यह अंदरूनी कलह, जो किसी पीठासीन जज या रेफरी के बिना जारी रहती है, उसके कारण न जाने कितने लोग ऐसी समस्याओं में उलझ जाते हैं, जिन्हें वे खुद से सुलझा नहीं पाते और उन्हें मनोचिकित्सक का चक्कर लगाना पड़ता है। यह अंदरूनी कलह ही आज के हमारे जीवन में बढ़ती विक्षिप्तता का एक मूल कारण है। दूसरे शब्दों में, जैसे-जैसे हमारी संस्कृति अधिक-से-अधिक जटिल होती जा रही है और हमारे मन पर उसकी उम्मीदों का दबाव बढ़ता जा रहा है, वैसे-वैसे आत्मानुशासन की जरूरत भी बढ़ रही है।

ऐसी चार बातें हैं, जिन पर हमें हमेशा कठोर आत्मानुशासन लागू करना चाहिए, वे हैं—

- हमारी भूख, जो खाने-पाने को लेकर होती है।
- हमारी मनोवृत्ति।
- अपने समय का उपयोग।
- उद्देश्य की निश्चितता।

और इनमें से हर एक को लेकर काफी आत्मानुशासन की जरूरत पड़ती है। खाने-पीने को लेकर जहाँ तक पहले विषय की बात है तो यह जानी हुई बात है कि कई लोग इस बारे में ज्यादा सोच-विचार नहीं करते कि अपने शरीर में वे कितना और किस प्रकार का भोजन ले रहे हैं। एक ऐसा समय आता है, जब हमारे शारीरिक व मानसिक परिश्रम के कारण शरीर के ऊतकों में हुई टूट-फूट को दुरुस्त करने के लिए वास्तव में जरूरी पोषण पर्याप्त मात्रा में मिल चुका होता है, तब अतिरिक्त भोजन मात्र अंगों पर अतिरिक्त बोझ डालता है और शरीर में भोजन का आधिक्य मोटापा बढ़ानेवाले ऊतकों का निर्माण करता है। अत्यधिक वसा, विशेष रूप से मध्य आयु और उसके बाद के वर्षों में, व्यक्ति की कार्य-कुशलता के साथ ही उसकी उम्र को भी कम कर देती है।

यही बात शराब पर लागू होती है। अधिक नशा करनेवाले पेय पदार्थों के प्रति आपको अपनी इच्छा पर नियंत्रण रखना चाहिए। यदि नहीं तो आप तबाही और विफलता को न्योता दे रहे हैं।

सभी चीजों को लेकर किसी की मनोवृत्ति अत्यधिक महत्त्व रखती है, क्योंकि जीवन भर सकारात्मक मनोवृत्ति ही एकमात्र मन की ऐसी स्थिति है, जिसमें आप उद्देश्य की निश्चितता को व्यक्त कर सकते हैं या जिसकी सहायता से आप अन्य किसी को भी अपने साथ सहयोग के लिए आकर्षित कर सकते हैं। मुझे लगता है कि आपको यह याद दिलाना काफी महत्त्वपूर्ण है कि परमात्मा ने आपको कुछ और नहीं तो इस संसार की सारी चीजों में से एक पर नियंत्रण का अधिकार दिया है और वह है आपकी मनोवृत्ति। आप चाहें तो इसे नकारात्मक रूप से इस्तेमाल कर उन चीजों को न्योता दे सकते हैं, जिन्हें आप नहीं चाहते या फिर इसकी अनदेखी कर अपने मन के बगीचे में खरपतवार को फैलने की इजाजत दे सकते हैं या नहीं तो इसे सकारात्मक बनाए रखने के तरीके जानने की

कीमत अदा कर उन चीजों को आकर्षित कर सकते हैं, जिन्हें आप अपने जीवन में देखना चाहते हैं।

इसका अर्थ यह भी है कि दूसरों के साथ चलने की हमारी क्षमता, जो हम सभी के जीवन की सबसे महत्त्वपूर्ण विशेषता है, वह मुख्य रूप से हमारी मनोदशा या हमारी सकारात्मक मनोवृत्ति से तय होती है।

इस सूची में तीसरे स्थान पर है समय और आप यह जानकर आश्चर्य में पड़ जाएँगे कि हममें से अधिकांश लोगों को यह अहसास तक नहीं होता कि हमारे लिए यह कितना जरूरी है और हमें अपने समय को किस प्रकार खर्च करना चाहिए। एक पुरानी कहावत है कि समय गँवाना पाप है और यह विचित्र, किंतु सत्य है। मैं आपको यह नहीं बता सकता कि आप अपना समय कैसे बिताएँ, लेकिन मैं एक बात कह सकता हूँ कि समय ही वह सबसे बड़ी पूँजी है, जो आपके पास है। यह बैंक में रखे पैसे की तरह है, बशर्ते इसे सही तरीके से खर्च किया जाए और बैंक में रखे पैसे की तरह ही इसे बरबाद नहीं करना चाहिए, बल्कि कठोर अनुशासन से खर्च करना चाहिए।

समय बड़ा विचित्र है। समझदारी से खर्च करने के सिवाय आप इसकी बचत नहीं कर सकते। औसत व्यक्ति हर दिन आठ घंटे काम करता है। उसे सोने के लिए लगभग आठ घंटे चाहिए और इसके बाद उसके पास आठ घंटे का खाली समय बचता है, जिसका निवेश वह जैसे चाहे, कर सकता है।

सफलता और विफलता के बीच का अंतर इसी से तय होता है कि इस बचे हुए समय का उपयोग किस प्रकार किया गया। इस पर विचार कीजिए और निश्चय कर लीजिए कि जो 24 घंटे आपको मिलते हैं, उन्हें खर्च करने के लिए आप एक चार्ट तैयार करेंगे।

समय का बँटवारा काफी महत्त्वपूर्ण होता है। इससे किसी व्यक्ति

को यह पता चल जाता है कि इस बँटवारे के बिना वह कितना समय बरबाद करता है। यह जान लेना भी मजेदार है कि जो चौथी बात है, यानी उद्देश्य की निश्चितता, वह समय के इस उपयोग के साथ एकदम फिट बैठती है।

जब तक किसी का कोई निश्चित लक्ष्य और उसे पाने का साधन नहीं होता, तब तक क्या करना है, की समस्या मन में हमेशा उठती रहेगी और यह जान लेना जरूरी है कि अपनी क्षमताओं का आकलन करना और फिर अपने उद्देश्यों व योजनाओं को लिखने के लिए काफी समय, सोच तथा ऊर्जा के साथ ही अपने विचारों में यह अनुशासन लाना जरूरी है कि आप जीवन से क्या चाहते हैं? साथ-ही-साथ यह समझ लेना भी जरूरी है कि अनंत बुद्धिमत्ता भी, जो सबसे शक्तिशाली है, वह भी तब तक आपकी मदद नहीं कर सकती, जब तक कि आप यह न तय कर लें कि आप क्या चाहते हैं और आप कहाँ जा रहे हैं?

यह एक ऐसी कहानी है, जो इस बात को खूबसूरती से समझा देती है। हम एक व्यक्ति को एक बास्केट, मात्र 25 सेंट की बास्केट और कुछ केले के साथ शुरुआत करते देखते हैं। उसके पास बस यही है, एक मुख्य उद्देश्य के सिवाय कि वह एक सफल व्यवसायी बनना चाहता है। वह अपने केले की बिक्री शुरू कर देता है और अगर वह एक केला बेच देता है तो दिन में एक केला खा सकता है। यदि वह एक भी केला नहीं बेच पाता है तो वह एक भी केला नहीं खा सकता। धीरे-धीरे वह इतना कमाने लग जाता है कि वह एक छोटा सा ठेला खरीद लेता है। उस ठेले पर वह केले के अलावा नारंगी, अंगूर और नाशपाती रखने लगता है। फिर सबसे पहले उसने किसी पार्किंग लॉट के पास एक छोटी सी दुकान खरीदी, जिसके छेद से वह सामान बेचा करता था। इसके बाद उसने पार्किंग लॉट को लीज पर लिया और उस

पर एक इमारत बना दी। इससे पहले आप कुछ सोचें, आपको बता दूँ कि उसने उस लॉट को ही खरीद लिया और एक आधुनिक स्टोर खोल दिया, जिसमें उसका व्यवसाय चलता नहीं, दौड़ता है और इसके बाद हमें जो जानकारी मिली, उसके अनुसार उसने सैन फ्रांसिस्को के एक सैलून में बैंक ऑफ इटली की स्थापना की और बाद में दुनिया के बैंकों की सबसे बड़ी चेन का मुखिया बन गया—बेहद मशहूर बैंक ऑफ अमेरिका की चेन का और उस व्यक्ति का नाम है—अमादे पित्रो जियानिकी। यह सबकुछ सचमुच हुआ और केवल इस कारण संभव हो सका, क्योंकि उस गरीब विक्रेता के पास उद्देश्य की निश्चितता, लगन, विश्वास और ऐसा आत्मानुशासन था कि उसके पास जो कुछ भी था, वह उसके लक्ष्य के साथ फिट बैठ गया।

आप और मैं मिस्टर जियानिकी से थोड़ी बेहतर आर्थिक स्थिति से शुरुआत करनेवालों में हैं और हमारे पास इस सफलता के दर्शन का लाभ है; लेकिन हमें भी सफलता की कीमत चुकानी पड़ेगी।

सफल होने की कीमत हमें चुकानी पड़ेगी। किसी को भी बिना दिए कुछ नहीं मिलता। अगर मिलता भी है तो उसकी वैसी प्रशंसा नहीं होती, जितना कि मेहनत करने के बाद मिलने पर की जाती है। मुझे याद है कि मेरे समय में मेरा कोई मित्र नहीं था, यहाँ तक कि कोई रिश्तेदार भी नहीं था। बस, मेरी सौतेली माँ थी और कभी-कभी मैं सोचता था कि कहीं मेरा उत्साह बढ़ाने के लिए वह नाटक तो नहीं कर रही है।

ऐसा भी वक्त आया, जब मेरे विरोधी कहते थे कि यह सफलता की बात करता है और इसकी जेब में फूटी कौड़ी तक नहीं है; और सबसे बड़ी बात यह थी कि उनका कहना सही था।

मैंने लगभग बीस वर्षों तक कठोर आत्मानुशासन का पालन किया। इस दर्शन में लोगों की दिलचस्पी न होने की स्थिति को मैं अपने

अनुशासन से ही सहता रहा। उन कठिनाई से भरे वर्षों के दौरान मुझे आगे बढ़ते रहने के लिए अपने अंदर पर्याप्त दिलचस्पी जगानी पड़ी और आत्मानुशासन को बनाए रखना पड़ा।

चाहे आप कोई भी क्यों न हों, जब आप शुरुआत करते हैं तो आपके सामने ऐसी परेशानियाँ खड़ी हो जाएँगी, जिन्हें दूर करना असंभव-सा लगेगा। मुझे पहली क्लास अच्छी तरह याद है, जिसमें मैंने इस दर्शन की शिक्षा दी थी। उसमें छह लोग थे, जिनमें से चार तो मेरे सामने ही मेरी क्लास को छोड़कर चले गए। उनमें से एक ने पैसे देने से इनकार कर दिया और उसका कहना था कि उसे अपने पैसों के बदले कुछ भी नहीं मिला और मन-ही-मन मैं सोचता हूँ कि उसका कहना सही था।

शुरुआत में आनेवाली ऐसी मुसीबतों के निकल जाने तक आपको आत्मानुशासन बनाए रखना पड़ेगा। आपको अपनी पसंद और जीवन-स्तर को अनुशासित रखना होगा, जिससे कि आपके पास जो है, आप उसी में गुजारा करें, तब तक, जब तक कि ऐसा समय न आए, जब आपके पास उससे अधिक हो।

इस प्रकार की हतोत्साहित करनेवाली स्थितियों से बचने का सबसे अच्छा तरीका है उन लोगों से बात करना, जिन्हें आपसे वास्तव में सहानुभूति है और वे आपकी जिम्मेदारियों को समझते हैं। नहीं तो, अपनी योजनाओं को अपने तक ही सीमित रखिए और काम को ही बोलने दीजिए। इस मूल मंत्र को अपनाइए—'बातें कम, काम ज्यादा।' यही थॉमस एडिसन का भी आदर्श वाक्य था और ऐसी सोच अगर इतने महान् व्यक्ति के लिए अच्छी थी तो यह हम सभी के लिए आदर्श वाक्य है।

मैं जब छोटा था, तब न केवल लकड़ी की एक चैली लेकर घूमता था, बल्कि एक पूरा गट्ठर उठाकर चलता था, जिस पर लिखा होता था कि 'हिम्मत है तो इसे गिराकर दिखाओ' और अकसर कोई-न-कोई

उसे गिरा दिया करता था। जब मुझमें आत्मानुशासन आया, तब मैंने संदेश लिखी उस तख्ती को हटा दिया। उससे थोड़ी राहत मिली, लेकिन वह पूरी नहीं थी। मुझे लगा कि उस गट्ठर को हलका कर एक चैली तक ही रखना होगा। इससे थोड़ी और आसानी हुई, लेकिन अंत में मैंने मन-ही-मन सोचा कि मेरे कंधे पर चैली होनी ही नहीं चाहिए, जिससे कि कोई उसे गिरा सके। इस तरह मैंने लोगों को अपने भीतर कमियाँ निकालने का मौका देना बंद कर दिया और फिर क्या था, मेरे आसपास की पूरी दुनिया ही बदलने लगी, जिसमें झगड़े की बजाय मेल-जोल और सहयोग ने जगह बना ली थी। गैंने अपनी मनोवृत्ति को बदलकर अपनी दुनिया ही बदल दी।

एक समय ऐसा था, जब मैं उन लोगों को पसंद नहीं करता था, जो बड़बड़ करते रहते थे और चमक-दमकवाले कपड़े पहनते थे और आप जानते हैं कि मैंने अपने भीतर सुधार के लिए क्या किया? मैं खुद भी वैसे ही कपड़े पहनने लगा, ताकि यह देख सकूँ कि लोगों को कैसा लगता है। दूसरे शब्दों में, सामनेवाले के दृष्टिकोण को अपनाने के बाद मैंने पाया कि समान परिस्थितियों में मेरी और उसकी प्रतिक्रिया एक जैसी थी। जब आप सकारात्मक सोच को अपनाते हैं और लोगों को सिर्फ इस वजह से नापसंद करना बंद कर देते हैं, क्योंकि वे आपसे अलग हैं तो आप पाएँगे कि आपको यह दुनिया ज्यादा दोस्ताना लगने लगेगी। यदि आप चाहते हैं कि लोग आपकी तरह सोचें-समझें या आपके साथ सहयोग करें तो उन्हें आकर्षित करने के लिए पहले अपने सोच को ठीक कर अपनी ओर से प्रयास करें। आप यह देखकर आश्चर्य में पड़ जाएँगे कि आपके प्रति वे अपना रवैया कितनी जल्दी बदल लेते हैं।

इस प्रकार, आत्मानुशासन वह प्रक्रिया है, जिससे कोई मन के साथ या और स्पष्ट रूप से कहें तो मन के छह विभागों के बीच, तालमेल

बिठाता है। दिमाग के जिन हिस्सों पर व्यक्ति का नियंत्रण रहता है, वे इस प्रकार हैं—

1. **अहं**—यह इच्छा-शक्ति का केंद्र होता है, जो सुप्रीम कोर्ट की तरह कार्य करता है, जिसमें मन के सभी विभागों के पूरे कार्य को पलटने, सुधार करने, बदलाव लाने या पूरी तरह से मिटा देने की क्षमता होती है।
2. **भावनाओं का विभाग**—यहाँ वह प्रेरणा शक्ति पैदा होती है, जो किसी के विचारों, उसकी योजनाओं और उद्देश्यों को काररवाई की दिशा में ले जाती है।
3. **तर्क का विभाग**—यहाँ कोई भी कल्पना और भावनाओं के परिणामों को तौलता है, उनका आकलन करता है और उनका सही से मूल्यांकन करता है।
4. **कल्पना का विभाग**—यहीं पर कोई विचारों, योजनाओं और अपनी इच्छाओं को पूरा करनेवाले तरीके विकसित करता है।
5. **अंतःकरण**—यहीं पर कोई अपने विचारों, योजनाओं और उद्देश्यों के नैतिक न्याय का परीक्षण कर सकता है।
6. **स्मरण-शक्ति**—यह सारे अनुभवों का लेखा-जोखा रखनेवाले की और सारी संवेदनाओं तथा अनंत बुद्धिमत्ता की प्रेरणा को सँजोकर रखनेवाले की भूमिका निभाती है।

मन के इन विभागों के बीच जब संयोजन स्थापित किया जाता है और आत्मानुशासन से उन्हें सही दिशा में ले जाया जाता है तो वे किसी व्यक्ति को अन्य लोगों के कम-से-कम विरोध के साथ जीवन में आगे बढ़ने के लायक बनाते हैं।

वह अहं, जो आपकी सच्ची ताकत का केंद्र है, हर हाल में सशक्त रहना चाहिए। मैं इसे अपने संदर्भ में समझाऊँगा, लेकिन अपने अहं के अनुसार भी आप इसे समझ सकते हैं। मैं यह बताऊँगा कि अपने अहं के चारों ओर मैं जो सुरक्षा की तीन काल्पनिक दीवारों को बनाकर रखता हूँ, उन्हें मैं 'नेपोलियन हिल' के रूप में जानता हूँ। सबसे बाहरी दीवार से शुरू करें तो पहली दीवार इतनी ऊँची होती है कि मैं उन लोगों को अपने आप से दूर रख सकूँ, जो मेरा समय न खराब करें। हालाँकि इस बाहरी दीवार के कई दरवाजे हैं और उनसे भीतर आना ज्यादा मुश्किल नहीं है। यदि कोई व्यक्ति सही मायने में मेरा समय लेने का हक रखता है तो मैं एक दरवाजा खोलकर उसे अंदर आने देता हूँ; लेकिन उसे उस अधिकार को साबित करना होगा।

अगली दीवार काफी ऊँची है और उसमें केवल एक ही दरवाजा है, जिस पर मैं कड़ी निगरानी रखता हूँ। उस दरवाजे से अंदर आनेवाले लोगों की संख्या अपेक्षाकृत रूप से काफी कम है। इससे पहले कि किसी के अंदर आने के लिए दरवाजा खुले, उसे यह साबित करना ही पड़ता है कि उसके पास कुछ है, जो मुझे चाहिए या हम दोनों के हित समान हैं और जिससे हम दोनों का ही लाभ होगा।

तीसरी और आखिरी दीवार इतनी ऊँची है कि मुझे बनानेवाले के सिवाय इस दुनिया का कोई भी व्यक्ति इसे पार नहीं कर सकता और उसमें कोई दरवाजा भी नहीं है, यहाँ तक कि मेरी पत्नी को भी उस दीवार से अंदर आने की इजाजत नहीं है; क्योंकि यह नेपोलियन हिल के अहं को अपने घेरे में सुरक्षित रखता है। मैं आपको बता दूँ कि यदि आप अपने अहं और व्यक्तित्व के दरवाजे को खोलेंगे और किसी को भी अंदर-बाहर आने-जाने देंगे तथा अपने जीवन को प्रभावित करने देंगे तो वे अपने साथ कई सारी चीजें लेकर चले जाएँगे, जिन्हें आप उन्हें देना

नहीं चाहते होंगे और ऐसी चीजें छोड़ जाएँगे, जो आपके पास नहीं होनी चाहिए। मैं आपको सख्त हिदायत दे रहा हूँ कि अपने दिमाग के चारों ओर सुरक्षा की एक दीवार बना लीजिए और एक ऐसी जगह रखिए, जहाँ जाकर आप आराम कर सकें, जहाँ असीम बुद्धिमत्ता के साथ बिना किसी खलल के बातचीत कर सकें।

वेब्सटर को अपना शब्दकोश लिखने में बाईस वर्ष लगे और एडिसन को ताप विद्युत् बल्ब का आविष्कार करने से पहले 10,000 बार पराजित होना पड़ा। सच में, लगन बड़ी अच्छी चीज होती है।

—नेपोलियन हिल

हालाँकि तर्क ही एकमात्र ऐसा पहलू नहीं, जिसे हमें हर हाल में अपने वश में रखना चाहिए। हमें मन के उस तथाकथित दूसरे संभाग पर भी नियंत्रण रखना चाहिए, जिसे 'भावनाओं का विभाग' कहते हैं। ऐसा तर्क या मन के सही-गलत के फैसले के अनुसार भावनाओं या दिल के अहसासों के बीच संतुलन बनाए रखना काफी जरूरी होता है। ऐसा करने से जब भी कोई समस्या आती है और व्यक्ति उन दोनों के बीच संतुलन रखते हुए उसे हल करने का प्रयास करता है तो यह संतोषजनक समाधान को संभव बनाता है।

भावनाओं का एक और भी पहलू है, जिस पर हमें विचार करना चाहिए; क्योंकि इसका संबंध उन समस्याओं से होता है, जो भौतिक चीजों के छिन जाने या मित्रों अथवा प्रियजनों के चले जाने के कारण किसी के मन में निराशा और विफलता तथा दिल टूटने से पैदा होती हैं।

ऐसी समस्याओं का सही समाधान केवल आत्मानुशासन से ही होता है। इसकी शुरुआत इस बात को समझने से होती है कि समस्याएँ दो प्रकार की होती हैं, जिनमें एक वे हैं, जिन्हें आप दूर कर सकते हैं और दूसरी वैसी समस्याएँ, जिनका हल आपके पास नहीं होता। जिन समस्याओं को आप सुलझा सकते हैं, उन्हें हर संभव व्यावहारिक तरीकों से सुलझा लिया जाना चाहिए और जिनका आपके पास कोई हल नहीं होता, उन्हें अपने मन से निकालकर भूल जाना चाहिए।

आत्मानुशासन, जिसका अर्थ है—अपनी सारी भावनाओं पर आपकी सिद्धि। वह आपके और अतीत के आपके सारे अप्रिय अनुभवों के बीच के दरवाजे को बंद कर सकती है। आपको उस दरवाजे को कसकर बंद करते हुए ताला जड़ देना चाहिए, जिससे कि उसके दोबारा खुलने की कोई आशंका न रहे।

बदला एक प्रकार की ऐसी 'महामारी' है, जो सार्थक उपलब्धियाँ दिलानेवाले विचारों को दूर भगा देती है, रचनात्मक आकांक्षा का गला घोंट देती है, उत्साह को खत्म कर देती है, मन की कल्पनाशीलता को बौना कर देती है, आत्म-नियंत्रण कम कर देती है और सैकड़ों अन्य तरीकों से स्थायी सफलता के लिए बाधा बनकर खड़ी हो जाती है। बदला ऐसा कीड़ा होता है, जो अंदर से छेद करता है और दिल की अच्छी भावनाओं को नष्ट कर देता है।

—नेपोलियन हिल

आत्मानुशासन का अभाव जिन लोगों में होता है, वे अकसर दरवाजे पर खड़े होकर उसे बंद करने की बजाय हसरत से पीछे मुड़कर अतीत की ओर देखते हैं और आगे मुड़कर भविष्य को देखते हैं। दरवाजा बंद करने के इस काम से कोई समझौता नहीं हो सकता। आपको अपनी इच्छा-शक्ति से दरवाजे को उन सारी चीजों के लिए बंद कर देना चाहिए, जिन्हें आप भूलना चाहते हैं, नहीं तो आप आत्मानुशासन पैदा नहीं कर सकेंगे।

आत्मानुशासन सभी प्रकार के डर के लिए दरवाजे को कसकर बंद कर देता है और उम्मीद तथा विश्वास के लिए दरवाजे को पूरी तरह खोल देता है। यह दरवाजे को ईर्ष्या के लिए कसकर बंद कर देता है और प्रेम के लिए नए दरवाजे को खोल देता है। आत्मानुशासन आगे देखता है, पीछे नहीं। यह निराशा और चिंता को रोक देता है। यह सकारात्मक भावनाओं को प्रोत्साहन देता है और नकारात्मक भावनाओं को बाहर रखता है। इसे आपके मन को मजबूत रखने के लिए बढ़ाया जाता है। इसकी मदद से आप अपने मन को नियंत्रण में रख सकते हैं और भगवान् की ओर से मिले अपनी मनोवृत्ति को नियंत्रित रखने के अधिकार का उपयोग करते हैं। जब तक आप अपने मन को व्यवस्थित नहीं करते और इसे विचलित करनेवाले सारे प्रभावों से खाली नहीं रखते, तब तक आप में सच्चा आत्मानुशासन नहीं आ सकता।

आत्मानुशासन के लिए मैं आपको अपना मत देना चाहूँगा। इसका शीर्षक है 'इच्छा-शक्ति' और यह इस प्रकार है—

"इस बात को समझते हुए कि इच्छा की शक्ति ही मेरे दिमाग के अन्य सभी विभागों की तुलना में सर्वोच्च अदालत है, मैं इसका उपयोग प्रतिदिन करूँगा, जब किसी उद्देश्य के लिए मेरे भीतर काररवाई की इच्छा होगी और मैं ऐसी आदतें बनाऊँगा, जिनसे मुझे प्रतिदिन कम-से-कम एक बार अपनी इच्छा के अनुसार कार्य करने की शक्ति मिले।

भावनाएँ—इस बात को समझते हुए कि मेरी भावनाएँ सकारात्मक भी हैं और नकारात्मक भी, मैं नियमित आदतों को बनाऊँगा, जिनसे सकारात्मक भावनाएँ पैदा होंगी और मुझे नकारात्मक भावनाओं को किसी प्रकार की उपयोगी काररवाई में बदलने में मदद मिलेगी।

तर्क—इस बात को समझते हुए कि मेरी सकारात्मक व नकारात्मक भावनाएँ खतरनाक हो सकती हैं, यदि वे किसी अपेक्षित परिणाम के लिए नियंत्रित और निर्देशित नहीं हैं तो मैं उन्हें व्यक्त करने के लिए अपने तर्क की मदद लूँगा।

कल्पना-शक्ति—अपनी इच्छाओं को पूरा करने के लिए ठोस योजनाओं और विचारों की जरूरत को समझते हुए अपनी योजनाओं को तैयार करने में दैनिक रूप से सहायता के लिए अपनी कल्पना-शक्ति का आह्वान कर उसे विकसित करूँगा।

अंतःकरण—इस बात को समझते हुए कि मेरी भावनाएँ अकसर अति उत्साह में चूक कर जाती हैं और तर्क की मेरी क्षमता अकसर उस भावना से विहीन होती है, जो मुझे अपने फैसलों में न्याय के साथ दया को शामिल करने के योग्य बनाए, इसलिए मैं अपने अंतःकरण से कहूँगा कि वह मुझे बताए कि क्या गलत है और क्या सही? और मैं उसके आदेश को कभी दरकिनार नहीं करूँगा, चाहे उन्हें लागू करने की कोई भी कीमत क्यों न चुकानी पड़े।

स्मरण-शक्ति—सतर्क स्मरण-शक्ति के मूल्य को समझते हुए मैं अपनी स्मरण-शक्ति से कहूँ कि वह उन सभी विचारों को अच्छी तरह याद रखे, जिन्हें मैं याद करना चाहूँगा और उन विचारों को उन संबंधित विषयों के साथ जोड़ दे, जिनके लिए मैं अकसर दिमाग पर जोर डालता हूँ।

अवचेतन मन—अपनी इच्छा-शक्ति पर अपने अवचेतन मन के

प्रभाव को समझते हुए मैं इसे जीवन में अपने लक्ष्य के साथ उन सभी छोटे-मोटे उद्देश्यों की एक स्पष्ट और निश्चित तसवीर सौंप दूँगा, जो मुझे अपने लक्ष्य तक ले जाएँगे और प्रतिदिन दोहराकर मैं इस तसवीर को अपने अवचेतन मन के सामने लगाकर रखूँगा।"

अंतःकरण वह हिस्सा है, जो आपके कार्यों और मंशाओं की नैतिकता की गुणवत्ता तय करता है। यदि आप अपने अंतःकरण से नियमित रूप से सलाह लेते हैं और उसकी सलाह को हमेशा मानते हैं तो वह बड़े काम का साथी और मार्गदर्शक साबित होता है। यदि इसकी उपेक्षा या अनदेखी की गई और इसके सुझाव का उल्लंघन कर इसे अपमानित किया गया तो यह एक अपराधी और साजिशकर्ता बन जाएगा, जो आपके गलत कामों को शह देने लगेगा। जब भी ऐसा हो तो सही फैसला लेने का वक्त होता है; क्योंकि जो लोग ऐसा होने देते हैं, उनके लिए समाज को कई खास कमरे बनाने पड़ते हैं और इन कमरों की सलाखों से बाहर की दुनिया दिखाई नहीं देती।

कोई व्यक्ति अपने अंतःकरण की बात कुछ पल के लिए भले ही न माने, लेकिन एक दिन ऐसा आएगा, जब उसका वह अंतःकरण, जिसे नकारा या कुचला गया है, क्रोध के साथ पलटेगा और पूरी जिंदगी दिन के चैन के साथ ही रात की नींद भी हराम कर देगा।

हर व्यक्ति के मन में एक छोटा सा कोना होता है, जहाँ वह नहीं चाहता कि कोई दूसरा झाँके। यही कारण है कि हम अपने आप को धोखा दे सकते हैं और शायद इस कारण ही हमारे पड़ोसी हमारे बारे में हमसे ज्यादा जानते हैं। छोटी सी यह बात 'अपने अंतःकरण को अपना मार्गदर्शक बनाओ' बड़ा महत्त्व रखती है; क्योंकि आपका तर्क यदि 'हाँ' कहता है और आपका अंतःकरण 'नहीं' तो आपको अपने अंतःकरण की बात ही सुननी चाहिए।

आत्मानुशासन सफलता के सिद्धांतों के सबसे महत्त्वपूर्ण विज्ञान में से एक है, शायद सबसे महत्त्वपूर्ण है, क्योंकि इसके बिना अन्य सारे सिद्धांत काम ही नहीं कर सकते। यह सफलता और धन की कुंजी है, चाहे आप किसी भी रूप में उनकी इच्छा करें।

□

उपसंहार

नेपोलियन हिल फाउंडेशन के ट्रस्टी यह आशा करते हैं कि आपने सफलता का आनंद लिया और उसका लाभ उठाया है। यह सबकुछ नेपोलियन हिल ने लिखा (और फाउंडेशन ने स्पष्टता व संक्षिप्तता की दृष्टि से उसका संपादन किया) था। इनमें से अधिकांश बातें अब तक प्रकाशित नहीं हो सकी थीं और बाकी का तो आज तक प्रकाशन ही नहीं हुआ है। अप्रकाशित रचनाएँ फाउंडेशन के अभिलेखागार से सामने आई हैं।

नेपोलियन हिल की सबसे महान् रचना *'थिंक एंड ग्रो रिच'* महामंदी के दौरान लिखी गई थी और स्वाभाविक रूप से उसने पैसों के मामले में सफलता को मुख्य विषय बनाया। उनकी बाद की पुस्तकों में अन्य प्रकार की सफलताओं पर ज्यादा जोर दिया गया, जैसे उस धन पर, जो दूसरों की सहायता या प्रेमपूर्ण पारिवारिक जीवन जीने से किसी को प्राप्त होता है। हमने जिन लेखों को चुना, उनका उद्‌देश्य सभी प्रकार की सफलताएँ प्राप्त करने की राह में दिशा-निर्देशों के पट्ट उपलब्ध कराना था। इस पुस्तक में सफलता के जिन सिद्धांतों को विस्तार से बताया गया है, उनमें एक निश्चित उद्‌देश्य बनाना, धैर्य रखना, अपने ध्यान को स्थिर रखना, समय का बँटवारा करना, दूसरों के साथ मिलकर काम करना,

अपने विश्वास को अपने ऊपर एवं अपने उद्देश्यों पर लागू करना, सकारात्मक मनोवृत्ति बनाना और आत्मानुशासन बनाए रखना शामिल है। इन लेखों से उन अनिवार्य सिद्धांतों की एक छोटी सी दुनिया बनी, जिसकी खोज नेपोलियन ने की और जीवन भर के शोध से ऐसे सिद्धांतों का पता लगाया, जिनके उपयोग से आप मनचाही सफलता प्राप्त कर सकते हैं।

—डॉन ग्रीन

एग्जीक्यूटिव डायरेक्टर

नेपोलियन हिल फाउंडेशन

□□□